www.tredition.de

AF204307

Raphael Richter, Wolfgang W. Schüler
(Hrsg.)

Klaus Richter – Familienmensch, Theologe, Lauftherapeut

Ein Lesebuch

© 2016 Raphael Richter, Wolfgang W. Schüler (Hrsg.)
Umschlag, Illustration: Raphael Richter
Lektorat, Korrektorat: Bettina Richter, Sara Mia Richter
Bildrechte: mit Ausnahme des Profilbilds von Wolfgang W. Schüler auf S. 153 (© Wolfgang W. Schüler), des Profilbilds von Prof. Dr. Alexander Weber auf S. 153 und des Bildes auf S. 74 (beide © Deutsches Lauftherapiezentrum e.V. (DLZ)) stammen alle verwendeten Bilder aus dem Familienbestand der Familie Richter
Autoren (in alphabetischer Reihenfolge): Heinz-Jürgen Czerwinski, Christel Richter, Oliver Richter, Raphael Richter, Wolfgang W. Schüler, Hans Stiefermann, Alexander Weber

Verlag: tredition GmbH, Hamburg

ISBN
Paperback   978-3-7345-5411-7
Hardcover   978-3-7345-5412-4
e-Book   978-3-7345-5413-1

Printed in Germany

Inhaltsverzeichnis

Vorwort

„Musste ich erst 80 werden, damit mal ein Buch über mich erscheint?!" – Diese Klaus Richter in den Mund gelegten Worte der Empörung und Erleichterung führten in die Irre, würden sie für bare Münze genommen werden. Nein, die Worte stammen nicht vom Jubilar, sondern aus der Feder der Autorinnen und Autoren. Als Ausdruck ihres Bedürfnisses, sich endlich einmal schreibend mit der Person Klaus Richter auseinanderzusetzen. Gäbe es dafür aktuell einen besseren Anlass als den seines runden Geburtstages?!

Schmunzelnd hatte der Jubilar vor fünf Jahren geäußert: „Eine Laudatio wünsche ich mir erst zu meinem 80. Geburtstag, denn: Die Vorfreude und Spannung wird mich motivieren, am Leben zu bleiben." – Klaus Richter ist am Leben geblieben, gottlob! Und nun ist es sogar mehr als eine Laudatio geworden, nämlich ein ganzes Buch. Was die Sache aber nicht leichter gemacht hat. Wer über Klaus Richter schreiben will – egal wie viel – gerät in ein grundsätzliches Dilemma und muss eines aufbringen: Mut. Mut zur Lücke.

Er ist der Mann der vielen Interessen und Kompetenzen, der vielen Aktivitäten und Verdienste, der vielen Meetings und Korrespondenzen. Sein Terminkalender ist so voll wie zu Berufszeiten, vielleicht noch voller. Wer mit ihm zu tun hat und ihn erlebt, spürt: Er ist ein sehr präsenter, zugewandter, gewogener Mensch mit feinem Gespür. Er hat einen klaren Blick auf Situationen und Befindlichkeiten und ist pragmatisch auf Lösungen hin orientiert. Sein Umgang mit anderen ist achtsam und wertschätzend. Er verkörpert ein Höchstmaß an Verantwortung, Zuverlässigkeit und Genauigkeit. Und unterstreicht mit seinem Humor, dass Distanz zu sich selbst und zu den Dingen ebenso wichtig ist. Ein Beispiel: „Ich kaue noch am Bleistift. Es fehlt die zündende Idee. Ich tröste mich mit dem Satz: ‚Auch zweitbeste Lösungen führen zum Ziel'."

Über diesen Mann musste einmal ein Buch geschrieben werden!

Den Anfang haben nun Familienmitglieder und einige langjährige Wegbegleiter und Freunde gemacht. Was die Chance bot, sich Klaus sowohl aus einer Innensicht als auch aus einer „Außensicht" zu nähern.

Dies, trotz aller Eingenommenheit für ihn, fernab jeglicher Lobhudelei. Nein, die Autorinnen und Autoren meinen es ernst, mit sich und mit Klaus, auch wenn sie dabei ins Schwärmen und Schmunzeln geraten. Und der Jubilar selbst? Er soll hier und da auch zu Wort kommen, mit einigen seiner vielen Schriftbeiträge.

Die zweitbeste Lösung in unserem Fall heißt, wie bereits angedeutet, keine umfassende, schon gar keine lückenlose Biografie erstellt zu haben. Wir haben uns der Person genähert und bestimmte Bereiche ihres Lebens und Wirkens beleuchtet. So wird Klaus als Ehemann und Familienvater sowie als Freund beschrieben. Er wird in seinem Engagement als Diakon und Lauftherapeut gewürdigt, wobei diese Begriffe nur verkürzt für all die Leistungen stehen, die er im Bereich von Kirche und Therapiezentrum bis heute erbringt.

Es mag nur anklingen oder unerwähnt bleiben, wie gut Klaus in seiner Jugend vereinsmäßig Handball gespielt hat. Was es mit ihm und dem Schauspieler und Kabarettisten Jochen Busse, beide aus Iserlohn stammend, auf sich hat. Woher Klaus' Anerkennung für den Bergsteiger Reinhold Messner rührt. Oder was er, der Läufer, anziehen würde, wenn er dem von ihm verehrten Modedesigner Karl Lagerfeld begegnen würde, der einmal den Satz prägte: „Wer Jogginghosen trägt, hat die Kontrolle über sein Leben verloren."

Klaus und Kontrollverlust? Nein, das passt gar nicht zusammen. Was ist das Geheimnis seines langen, gesunden und zufriedenen

Lebens? Wir meinen: familiäre Erdung, guter Draht nach oben, ausdauernde Bewegung, maßvolle Ernährung, Offenheit und Interesse, herausfordernde geistige Tätigkeiten, gute soziale Kontakte und Einbindung, Humor, ... Worin hierbei das Geheimnis liegt? In der rechten Mischung!

Als Freund u. a. der italienischen Küche und ihrer Weine offenbart sich in Klaus neben dem Asketen der Genussmensch. Auch, wenn er in den letzten Jahren nur noch auf Kosten der Kirche trinkt: pro Jahr ca. drei Flaschen Messwein. Mäßigkeit helfe dem Geist auf die Sprünge!

Als Vegetarier zitiert er Teresa von Avila (1515 – 1582) mit „Wenn Fasten, dann Fasten. Wenn Rebhuhn, dann Rebhuhn" und verweist auf ein dualistisches Lebensprinzip. Alles zu seiner Zeit – Klaus sagt es und handelt danach. Mit ihm zu leben, zu arbeiten und zu feiern ist eine Freude.

Und so lässt Klaus, der stets zuversichtlich nach vorne schauende und unermüdliche sowie „bescheidene Arbeiter im Weinberg des Herrn" (Papst Benedikt XVI), an Eckart von Hirschhausen, Arzt und Kabarettist, denken, der uns dieses vor Augen führt: „Die Welt ist nicht, wie sie ist, sondern wie wir sind."

Durch Klaus ist sie zweifellos ein ganzes Stück besser.

Es kommt einem gar Paulo Freire (1921 – 1997) in den Sinn, der große brasilianische Pädagoge, der da sagte: „Es wäre ein schreiender Widerspruch, wenn sich das menschliche Wesen, das sich in unfertigem Zustand befindet und sich dessen bewusst ist, nicht in einen permanenten Prozess hoffnungsvoller Suche einbrächte."

In diesem Sinne, lieber Klaus, die herzlichsten Glückwünsche aller in diesem Buch vereinten Autorinnen und Autoren zu deinem 80. Geburtstag!

Weiterhin eine hoffnungsvolle Suche und viel Gutes im neuen Lebensjahrzehnt, vor allem Gottes Segen! Möge dir als Buchliebhaber und Buchautor gefallen, was wir hier über dich zusammengetragen haben – sozusagen als Band 1 all dessen, was über dich zu sagen wäre. Möge Vorfreude und Spannung dich motivieren, 90 zu werden.

Allen Leserinnen und Lesern dieses Buches wünschen wir unterhaltsame, erkenntnisreiche und vergnügliche Stunden.

Wolfgang W. Schüler   Raphael Richter

Wiesbaden   Münster

Klaus Richter – der Familienmensch

Der beste Ehemann von allen?

von Christel Richter

Die erste Begegnung

Damals gab es den Dufflecoat, einen dicken Kurzmantel mit Knebelknöpfen. Vollschlank wie er war, sah er trotzdem gut darin aus - ein fremder junger Mann aus Iserlohn, der plötzlich im Staatsbürgerlichen Lehrgang auftauchte, den mein Onkel Emmerich in Menden veranstaltete.

Ich war 18 - er log sich gleich ein paar Jahre älter; erst später erfuhr ich, dass es sich nur um sechs Monate handelte.

Sein Freund Ambrosius, ein gutes Stück größer als er, wich ihm nicht von der Seite. Da er mich zunächst für die Verlobte meines Onkels hielt, wagte er es nicht, mich anzusprechen, aber die Augen verrieten sein Interesse.

Es dauerte nicht lange, da sprachen und lachten wir miteinander; er gab an mit ein paar Brocken Spanisch (es war der Text des Schlagers "La paloma") - er wollte mich unbedingt beeindrucken.

Ich hatte eigentlich keine Lust auf eine neue Beziehung; deshalb nahm ich zum ersten "Stelldichein" außerhalb des Lehrgangs meine Schwester mit - und er erschien mit Ambrosius!

Trotzdem, das Verhängnis ließ sich nicht aufhalten. Nach und nach erfuhr ich Interessantes über seinen Werdegang - vom notorischen Schulschwänzer zum Klassenprimus - und über die Rolle, die seine Mutter dabei spielte. Sie half dem verwöhnten Prinzen über die Hürde der Aufnahmeprüfung in die Realschule - und die Karriere konnte beginnen. In meiner Familie wurde sie von Anfang an "die Fürstin" genannt.

Bald schon waren Klaus und ich Dorfgespräch in Lendringsen, einem Stadtteil von Menden im Sauerland. Noch nach Jahrzehnten sprachen uns immer wieder Leute darauf an, wie sie uns beim Knutschen in dunklen Hauseingängen erwischt hatten. Auf Waldwegen, wo wir uns unbeobachtet glaubten, tönte es aus dem Dickicht: "Wir sagen's Schwester Gertrud." Aus dem Lehrerzimmer der Walburgisschule wurden uns die Worte des Lateinlehrers zugetragen: "Sie sollte mal besser Latein lernen, statt sich mit Jungens rumzutreiben!" -

Er war der vierte "Freund", der zu Hause vorgestellt wurde, aber Mutter hatte eine Nase dafür, dass es ernst werden könnte. Sie hielt es für gefährlich, wenn wir alleine im Wohnzimmer saßen. Deshalb kam sie immer mal wieder herein, um das Klavier zu putzen oder ein Brikett in den Ofen zu schieben.

Regelmäßig verpasste Klaus sonntags den letzten Bus nach Iserlohn. 12km Nachtlauf von Lendringsen nach Iserlohn - das war wohl der frühe Beginn seiner Läuferkarriere.

Lebhafte Streitkultur

Wir sind jetzt länger als 50 Jahre verheiratet, und Klaus verkündete letzte Woche stolz: "Es gab keinen Tag, an dem wir uns nicht gestritten hätten." Ich erinnere mich an ängstliche Fragen der

Kinder: "Ihr lasst euch doch nicht scheiden??" Sie glaubten uns, wenn sie hörten: "Nein, auf gar keinen Fall!"

Mutter wusste schon damals Bescheid. Wenn abends zu ungewohnter Zeit die Haustür wütend zugeknallt wurde und die Tochter weinend im Badezimmer verschwand, sagte sie nur cool: "Der kommt gleich wieder!" und öffnete, ohne eine Miene zu verziehen, die Tür, wenn es nach 10 Minuten schellte. Es gab immer wieder Gründe, Schluss zu machen, aber wohl noch stärkere, sich leidenschaftlich zu versöhnen.

Während des Studiums in Köln wohnte ich bei Tante Mia in Schwelm. Mitten in der Nacht, wir lagen längst im Bett, schellte es Sturm. Klaus stand vor der Tür. Er müsse mich unbedingt sprechen.

Aus dem Schlaf gerissen saß ich fröstelnd auf dem Sofa in der Küche und erwartete die Katastrophe. Kreidebleich gestand Klaus: "Ich habe einen schlimmen Abschiedsbrief geschrieben - und abgeschickt!! Aber du darfst ihn auf keinen Fall lesen. Ich habe den größten Fehler meines Lebens gemacht. Ich gehe gleich, wenn es hell wird, zum Postamt, lasse mir den Brief geben und zerreiße ihn!" Küsse, Tränen, Erklärungen, Umarmung, Kaffee … Das große Unglück noch gerade abgewendet? Nein - die Post rückt den Brief nicht heraus. Er wird zugestellt und gelesen! - Nie wieder gab es einen Abschiedsbrief - aber jede Woche Liebesbriefe - anders war die Trennung während der Studienzeit nicht zu ertragen.

Ich habe sie aufbewahrt in einer alten Aktentasche, wo sie später von meinem Sohn Oliver entdeckt und heimlich gelesen wurden.

Füreinander bestimmt

Irgendwann war klar, wir konnten uns noch so sehr dagegen wehren, wir waren füreinander bestimmt. Es gab kein Entrinnen.

Auf einem alten Ledersofa in einer Hönnetalkneipe, die es längst nicht mehr gibt, versprachen wir uns, zusammenzubleiben.

Wir waren beide arm wie die sprichwörtlichen Kirchenmäuse. Was die große Liebende Heloise an ihren Abaelard schrieb, hätten auch wir sagen können: "Gott ist mein Zeuge, ich habe je und je in Dir nur Dich gesucht, Dich schlechthin, nicht das Deine, nicht Hab und Gut." Den ersten gemeinsamen Urlaub verbrachten wir in Brilon bei meiner Cousine. Klaus musste natürlich im Nachbarhaus schlafen - das war ehernes Gesetz für unverheiratete Leute.

Danach haben wir uns auch gleich verlobt und zwei Jahre später geheiratet, nachdem wir endlich eine möblierte Wohnung in Hüingsen (dem Ortsteil von Lendringsen "hinter den Bahnschranken") gefunden hatten. Ohne Vermittlung durch den Bruder meiner Großmutter wäre auch das nicht geglückt. Dafür wurde er Trauzeuge bei der standesamtlichen Hochzeit. Wir wollten eigentlich gar nicht feiern - das war ja nur ein juristischer Akt! - aber dann wurde daraus im engsten Familienkreis doch ein feuchtfröhliches Ereignis. Tante Maria saß schließlich am Klavier und spielte die neunte Sinfon (wie sie sagte) von Beethoven, und die „Fürstin" saß im Flur auf der Holztreppe und weinte herzzerreißend, was Onkel Franz veranlasste, immer wieder zu beteuern: "Die Frau tut mir Leid! Der besorg' ich Arbeit."

Die Wohnung musste natürlich eingeweiht werden, und so lagen schließlich mein Vater, Onkel Franz und Klaus singend und biertrinkend in den Doppelbetten und konnten nur unter größten Anstrengungen daraus entfernt werden.

Eine bruchlose Erfüllung in der Liebe gibt es im endlichen Leben nicht. Bevor wir zum Traualtar gingen, glaubten wir das nicht. Nach acht Jahren kannten wir uns ja sooo gut! Unsere Liebe hatte allen Schwierigkeiten standgehalten. Wir erwarteten den sogenannten Himmel auf Erden. Es hat lange gedauert, bis wir lernten, ohne Erwartung zu lieben.

Auch Mutters Träume vom reichen Traumpartner für die älteste Tochter wollten einfach nicht in Erfüllung gehen. Für sie war Klaus lange Zeit der kleine Bettenverkäufer mit einem Chef namens Büxenstein.

Und - ach, trotz so hübscher Kosenamen wie "Kikimorka" -, "Mausezahn" -, "bleiche Taube", blieben die Ehekrisen nicht aus. So wurde hin und wieder ein Koffer gepackt - für den endgültigen Auszug aus dem Eigenheim - und wieder ausgepackt.

Vom Bettenverkäufer zum Lehrer

Schließlich kam dann doch noch der Aufstieg - ein paar Semester Studium - die kaufmännische Lehre - Abitur am Abendgymnasium - Sprachkenntnisse machten es möglich, als Prokurist endlich richtig Geld zu verdienen - ein Grundstück zu erwerben, ein schönes Haus zu bauen.

Aber zufrieden war Klaus damit nicht. Er warf neidische Blicke auf die Ehefrau mit den vielen Ferienwochen.

"Das will ich auch!"

Und als sich die Möglichkeit bot, griff er beherzt zu und war plötzlich ein glücklicher Diplom-Handelslehrer.

Der Zertifikatssammler

In meiner weitläufigen Verwandtschaft war er bald beliebt. Er war und ist mit Mutterwitz gesegnet und daher überall gefragt als Gesellschaftsredner - und bekannt dafür, dass er sich schadlos hielt als Genießer bei Ess- und Trinkgelagen auf Hochzeiten, runden Geburtstagen und Jubiläen. Bald sprach man von ihm mit den Worten des berühmten Komikers Loriot: "Durch blitzschnelles Zugreifen sichert man sich die besten Stücke."

Aber Klaus war immer für Überraschungen gut. Eines Tages war er es leid und entdeckte - inzwischen vollschlank geworden - seine Leidenschaft für Fastenkuren.

In den Ferien durften wir uns an allen Köstlichkeiten laben; mit am Tisch saß einer, der stolz verzichtete und den man besser nicht ansah. Beim Fasten brachte er es - wie es bei ihm üblich war - zur Perfektion und zur anschließenden Ausbildung zum Fastenleiter und Ernährungsberater.

Klaus machte einfach alles gründlich und gab es als geborener Lehrer selbstverständlich weiter.

Die nächste Überraschung folgte auf dem Fuß, oder besser "auf den Füßen". Er fing an zu laufen. Nicht nur mal so 'ne halbe Stunde - das Ziel war Marathon. Was er anpeilte, musste natürlich erreicht werden, - und er musste, wie immer, andere mitreißen. Nur bei mir gelang ihm das nicht! Aber sein Sohn Raphael und viele Freunde, sogar entfernte Verwandte, folgten ihm.

Im Arbeitszimmer wurde die Wand mit Zertifikaten tapeziert. Er wurde Lauftherapeut und so etwas wie die rechte Hand des „Laufpapstes" Prof. Dr. Alexander Weber, und selbstverständlich bald Dozent im Deutschen Lauftherapiezentrum (DLZ).

Aber mit der größten Überraschung wartete er viele Jahre zuvor auf: mit seinem Entschluss, Diakon zu werden. Nach dem Abschluss des Vorbereitungskurses kam der Bischof zu Besuch - und ich musste natürlich "ja" sagen. Bereut habe ich es nicht, war ich doch auf einmal in Menden und Lendringsen bekannt als die Frau des Diakons.

Das Sammeln von Zertifikaten ging auch im Urlaub weiter. Alle mussten im umbrischen Perugia Italienisch lernen!

Nur mit dem Tanzen hat es nie geklappt. Noch heute nimmt Klaus Reißaus, sobald zum Tanzen geladen wird!

Wenn der Vater mit den Söhnen

Ohne das Feuer der Leidenschaft gäbe es die Menschheit längst nicht mehr! "Die Vernunft arbeitet nur in kühlen Räumen", hörten wir in Salzburg. Wären wir vernünftiger gewesen, hätten wir von Anfang an gewusst, dass wir eigentlich gar nicht zueinander passten.

Die Liebe ist wie der Mond. Wenn sie nicht zunimmt, nimmt sie ab. Bei uns nahm sie wohl zu und drängte gar auf Vermehrung.

Bei den theologischen Hochschulwochen in Salzburg erfuhren wir im Laufe der Jahre viel Interessantes und Nützliches. H.J. Frankfurt behauptet z.B.: "Die Menschen kriegen unter anderem deswegen Kinder, weil sie erwarten, dass sich so ihr Leben bereichert, und zwar schlicht deshalb, weil sie auf diese Weise mehr zu lieben bekommen." Stimmt, zunächst die Kinder, die Schwiegertöchter, die Enkelkinder, die Schwiegereltern der Kinder, die Freunde der Kinder, die Freundinnen und Freunde der Enkelkinder, ... Wo soll das enden?

Klaus, der Supervater, startet immer neue Lernprozesse.

Während ich bei den Söhnen eher auf die hervorragenden Gene vertraute, plagte er sich mit Ängsten und Sorgen herum - fuhr sogar nachts durch die Gegend auf der Suche nach dem verlorenen Sohn. Am liebsten hätte er sie für immer zu Hause behalten - unter seiner liebevollen Aufsicht und Kontrolle. Draußen in der schnöden Welt konnten sie doch nur untergehen.

Nun muss er stolz zugeben, dass sie im eigenen Hausstand (nach seinem Vorbild natürlich!) großartige Väter geworden sind. Für die Enkelkinder risse er sich am liebsten ein Bein aus.

Bei mir knausert er mit jedem Euro. Aber wie strahlt er, wenn er für gute Zensuren richtig berappen muss! Eigentlich hat er für Fußball nicht viel übrig - da sitze ich meistens alleine bis spät in die Nacht vor dem Fernseher. Aber mit den Enkeln fährt er gar nach Dortmund ins Stadion und bestaunt die gelbe Wand. Neue, knallige Fußballschuhe?? Na klar, da guckt er ausnahmsweise nicht auf den Preis.

Fazit über die Liebe

Was die Liebe angeht, sind wir ein Leben lang Lernende – auch noch nach der Goldenen Hochzeit. Und so entdeckt die Liebe immer aufs Neue die Liebenswürdigkeit des Anderen und holt sie hervor. Die Entdeckungsreise ist noch nicht zu Ende!!

Der Vater der beiden Söhne – Szenen aus dem Leben eines Erstgeborenen

von Raphael Richter

Einleitende Worte

Ich bin weit davon entfernt, mich als Satiriker zu bezeichnen, aber schon als kleiner Junge habe ich "Kishons Familiengeschichten" des aus Ungarn stammenden und 1949 nach Israel geflohenen Juden Ephraim Kishon verschlungen. In Form von satirischen Kurzgeschichten schildert er in dem (abgesehen von der Bibel) meistverkauften hebräischen Buch, das inzwischen in 37 Sprachen übersetzt wurde, Szenen aus seinem Leben und dem seiner Familie. Diese haben mich schon immer fasziniert und nicht nur deswegen, weil einer seiner Söhne "Raphael" (oder auch "Rafi") heißt.

Um einen so vielschichtigen Menschen wie Klaus Richter zu würdigen, dem zudem Humor, Ironie und Satire alles andere als fremd sind, gibt es keinen besseren Rahmen, als dies in Form kleiner Szenen aus seinem Leben zu tun.

Aus Sicht des Erstgeborenen habe ich mich hier (in der Hoffnung, dafür nicht enterbt zu werden) einiger Aspekte angenommen, die zusammenfassend Klaus als kinosüchtigen Sparfuchs mit einem Sinn für Technik und Sport beschreiben.

„Was kostet das für mich?"

Klaus Richter ist ein Sparfuchs. Kein knauseriger alter Onkel Dagobert, der jeden Cent (damals war es sogar noch ein Pfennig oder ein Groschen) zweimal umdreht und sich und anderen nichts gönnt, aber ein Aktienanleger und Münzensammler, der immer vorsorgt, falls einmal etwas Unvorhergesehenes passiert oder einmal größere Investitionen notwendig sind.

Aber auf jeden Fall ist er jemand, der kein Geschäft verlassen kann, ohne das Gefühl, etwas herausgehandelt zu haben.

Natürlich gilt das nicht für die wöchentlichen Lebensmittel-Einkäufe. Sicherlich hätte er dann im Laufe der Jahre bei allen im Umkreis von 15km um Lendringsen befindlichen REWE, EDEKA, Tengelmann, Aldi, ... bereits Hausverbot und sein Konterfei läge an jeder Käsetheke und an jeder Supermarkt-Kasse unter dem Ladentisch mit dem Hinweis "VORSICHT: Kein Rabatt! Was auch immer er behauptet!".

In allen anderen Geschäften oder Hotels geht er davon aus, dass man ihn bereits kennt, nachdem er dort einmal eingekauft bzw. gebucht hat, wie folgende Geschichte verdeutlicht, die sich exakt so zugetragen hat.

Es muss zu meinem 18. Geburtstag gewesen sein. Ich hatte mir eine Cappuccino-Maschine gewünscht, die ich mir selber aussuchen durfte.

Nicht aussuchen durfte ich mir allerdings, **wo** diese Maschine gekauft werden sollte.

Natürlich ging ein Klaus Richter damals - obwohl sie schon existierten - **nicht** in einen anonymen Saturn oder MediaMarkt.

Nein, ein Elektrofachhandel wurde aufgesucht, in den Vater und Sohn einfielen. *OK, sagte ich mir, es ist ja sein Geld.* Und schon nach 10 Minuten war meine Wahl auf eine kleine Espressomaschine mit Milchaufschäumer gefallen. Der exakte Preis ist mir entfallen, er muss aber damals zu D-Mark-Zeiten bei, sagen wir, 89,00 DM gelegen haben. Das lag in dem von Klaus vorgegebenen preislichen Rahmen, also ergriff ich den Karton mit der Maschine und wollte mit ihm zur Kasse, damit wir möglichst schnell zuhause in den Genuss eines frisch gebrühten Espresso kämen.

"Halt!", riss mich mein Vater abrupt zurück, so dass ich fast gestürzt wäre und wir zwei Maschinen hätten bezahlen müssen. "So einfach ist das nicht! Wir holen jetzt erst einmal eine Service-Kraft!". "Aber, Papa, ich kenne die Maschine schon aus einem Prospekt [ja, das Internet war noch nicht erfunden, und Jahrzehnte später hätte man die Maschine über einen unserer Accounts bei Amazon bestellt], sie ist gut und genau das, was ich möchte!". Er erwiderte nur lapidar: "Darum geht es nicht! Frollein! Können Sie uns hier kurz helfen?"

Da wir den Laden recht früh aufgesucht hatten, waren wir noch die einzigen Kunden und die freundliche junge Service-Dame sprang direkt zu uns. "Was kann ich für Sie tun?", fragte sie. "Wir interessieren uns für diese Espresso-Maschine!", erwiderte mein Vater. *"Nein, ich habe sie mir schon ausgesucht, und möchte sie einfach nur kaufen!"*, dachte ich. "Was soll sie denn kosten?", fragte daraufhin Klaus Richter, obwohl mehrere große Werbeschilder auf den Sonderpreis von 89 DM in dicken Lettern hinwiesen. Auf eines dieser Schilder schaute dann auch die Mitarbeiterin verstohlen und erwiderte erwartungsgemäß und sehr freundlich: "89 DM. Für so eine gute Wahl ein sehr guter Preis!". Ebenso freundlich erwiderte

Klaus: "Nein. Ich glaube, wir haben uns nicht richtig verstanden. Ich wollte eigentlich wissen, wie viel diese Maschine für *mich* kostet.". "Für **Sie**?", kam etwas verständnislos zurück, da sich mein Vater ja noch nicht vorgestellt hatte, was sofort nachgeholt wurde. "Ja, für mich! **KLAUS RICHTER!**". Zum Glück hat er es nicht noch buchstabiert. Allein dieser Satz reichte, um mich dazu zu bewegen, meine Abstammung zu leugnen, mich 10 Jahre jünger zu fühlen und mich mit einem Eis und einer kleinen Schachtel Playmobil zum Geburtstag zufrieden zu geben.

"Das kann ich Ihnen leider nicht sagen", meinte die junge Frau und fügte hinzu: "Da müsste ich meinen Abteilungsleiter holen.". In meinem jugendlichen Leichtsinn dachte ich, die Schlacht wäre geschlagen, aber ...

"Dann tun Sie das bitte!", meinte Klaus.

In einem Nebenzimmer hörte man, wie die Service-Mitarbeiterin ihren Abteilungsleiter informierte, dass dort ein Herr Klaus Richter sei, der nach einem Preis für eine Espressomaschine fragte. Nach einer netten Unterhaltung zwischen Klaus Richter und dem Abteilungsleiter, deren Inhalt ich nicht wiedergeben kann, weil ich mich inzwischen an allen anderen Produkten interessiert gezeigt hatte, um nicht als Sohn identifiziert zu werden, verließ ich gemeinsam mit meinem Vater und einer um mehr als 20% rabattierten Espresso-Maschine das Geschäft.

Hatten die beiden Mitarbeiter auch zuvor noch nie etwas von Klaus Richter gehört, werden sie ihn nun nicht wieder vergessen.

Machte er früher den Einzelhandel unsicher, - die genannte Szene war kein Einzelfall, würde Eduard Zimmermann sagen - so ist heutzutage kein Vergleichsportal vor ihm sicher.

Ja, auch die Digitalisierung macht vor Klaus Richter nicht Halt. Davon werden wir aber später noch mehr erfahren. Denn die Zeit,

die er früher mit der Entwicklung von Verhandlungsstrategien verbracht hat, verbringt er nun vor Urlauben und größeren
Anschaffungen auf Vergleichsportalen, um den besten Preis zu
ermitteln.

Dabei ist er - wie schon erwähnt - nie geizig. Seine Philosophie
war und ist: Gönn' dir immer das Zweitbeste, das gerade auf dem
Markt ist, denn alles andere ist meist künstlich überteuert. Damit
lebt es sich gut.

Auch uns Söhne hat er nie knappgehalten, immer auf
Gerechtigkeit bedacht.

Im Studium und in der Ausbildung bekamen wir von ihm die
Unterstützung, die - wie er gerne sagte - "zum Leben notwendig ist".
Jeden anderen Luxus wie Kinogänge, Partys, oder was man sonst so
als Student oder Azubi macht, mussten wir uns dazu verdienen. Die
Gerechtigkeit geht bei ihm so weit, dass er sich selbst heute noch
mehrfach absichert, nicht einen Sohn (oder ein Enkelkind) bei
Weihnachts- und Geburtstagsgeschenken oder sonstigen
Zuwendungen zu übervorteilen.

Als Kinder nutzte er allerdings oftmals die uns angeborene
Bestechlichkeit aus - oder gelinde formuliert, führte er uns sanft in
das ökonomische Prinzip "quid pro quo" ein. Wann immer er etwas
fand, das wir ungerne taten, er aber meinte, es würde uns guttun,
wurde es mit einer Belohnung ausgelobt. In (meist in Italien
verbrachten) Urlauben war das geflügelte Wort dazu "1.000 Lire"
(damals umgerechnet 1 DM oder heute 0,50 EUR).

"Olli, du hast noch nie Mangold gegessen? 1.000 Lire!", "Raphael,
du hast noch nie in einer italienischen Bar für deinen Papa und deine
Mama auf Italienisch zwei Cappuccini und einmal Erdbeeren mit
Sahne (fragole con panna) bestellt? 1.000 Lire!", bis hin zu: "Raphael,
du fragst den Pianomann bei Luigi, ob du auch mal auf dem Flügel

spielen darfst: 10.000 Lire!". Letzterer Verlockung konnte ich allerdings bis heute widerstehen, so dass ich aktuell immer noch nicht weiß, ob der Albino-Pianomann nicht Klavier spielen konnte oder der Flügel einfach nur verstimmt war.

Mehrere Jahre später noch musste ich beim Vorbeischlendern an Luigis Bar von Klaus ein leises "10.000 Lire!" mit einem Fingerzeig auf den dort befindlichen Flügel anhören. Mit 20 Jahren verdiente ich selber mein Geld mit gelegentlichem Orgel- und Klavierspielen, so dass der Hinweis zu der Zeit allmählich verstummte.

Die 1.000 Lire - Aufträge (weitere Ausführungen dazu erhält der geneigte Leser im Verlauf des Buches) wurden allerdings meist prompt erfüllt. Denn danach folgte unweigerlich einer der ersten italienischen Sätze, die sowohl ich als auch mein 5 Jahre jüngerer Bruder erlernten: "Dieci monete da cento lire per favore!". Mit diesem magischen Satz brachte man die Aufsichtsdame in einer "Sala giochi" (einer damals sehr angesagten Video-Spielhalle) dazu, den 1.000 Lire-Schein in zehn 100 Lire-Stücke zu wechseln, die man für einen Videospielautomaten benötigte.

Schwupps, war der Mangold-Geschmack bei einer Partie "Galaga" vergessen und das ökonomische Grundprinzip verstanden. Wieder ein Vorteil, einen Wirtschaftswissenschaftler und ehemaligen Prokuristen zum Vater zu haben.

Der Mann mit der Todeskralle

Mit dieser Kapitelüberschrift ist ausnahmsweise einmal nicht Klaus Richter gemeint. Zumindest habe ich nie eine Todeskralle an ihm gesehen.

Allerdings zeigten die Handbewegungen, die er immer machte, um die Form unserer bevorstehenden Weihnachtsgeschenke so um den Nikolaustag herum schon anzudeuten, eine gewisse Ähnlichkeit damit.

Nein, diese Überschrift tituliert eine (in meinem Fall wohl anerzogene) Filmleidenschaft, die uns beide bis heute verbindet

Natürlich schwärme ich bis heute davon, wie ich mit meiner Mutter meinen ersten Kinofilm (die Disney-Musical-Verfilmung "Mary Poppins" mit Julie Andrews und Dick van Dyke, die ich heute noch gerne sehe) genießen durfte und danach noch viele weitere wie "Gandhi" oder "E.T.".

Aber die "echten" Filme waren Klaus und mir vorbehalten. Und in den 70er Jahren waren nun einmal Bruce Lee und Franco Nero angesagt. Dabei waren es so verschiedene Schauspieler mit so unterschiedlichen Schicksalen.

Beide wurden Anfang der 40er Jahre geboren (also nur 4-5 Jahre nach Klaus) und hatten ihre schauspielerische Hoch-Zeit Ende der 60er, Anfang der 70er Jahre. Allerdings war es für Bruce Lee, der im Jahre 1973 im Alter von 32 Jahren starb, nach seinem berühmtesten Film "Der Mann mit der Todeskralle" schon vorbei, wohingegen Franco Nero noch heute in bahnbrechenden Filmen auftritt.

Die Film-Genres waren natürlich grundverschieden. Knallharte Kung-Fu-Filme und Western der alten Machart. Dass die Leidenschaft für beide Genres sich nicht widerspricht, zeigt am besten der Großmeister Quentin Tarantino, der in vielfacher Hinsicht unsere Familie beeinflusste. Dazu aber später mehr.

Klaus und ich haben alle Filme mit Nero und Lee gesehen, die man gesehen haben muss. Weder die große Franco Nero-Nacht mit den drei „alten" Django-Filmen des Jahres 1966 noch die Bruce-Lee-Nacht mit den „Todeskralle"-Filmen der 70er Jahre waren vor uns sicher. Natürlich handelte es sich immer um Retrospektiven, denn mit 4 Jahren durfte ich selbst in Begleitung Erwachsener diese Filme noch nicht schauen.

Mit 12 Jahren war das allerdings schon anders. Bis heute kann ich mich nur an eine Pleite erinnern, als wir enttäuscht nach Hause zurückkehrten, nachdem wir an der Kinokasse abgewiesen wurden, weil das Double-Feature "Der weiße Hai" und "Piranha" für einen 12-jährigen selbst in Begleitung eines Erwachsenen nicht erlaubt war.

Diese Enttäuschung wurde aber wieder gut gemacht, als wir unseren ersten Videorekorder bekamen und in der ersten Videothek unserer Heimatstadt nichts Anderes als Einweihungsfilm gefunden hatten als den ersten Teil der Serie "Freitag der 13.".

In Zeiten von "Walking Dead" und "Hannibal" würde man den Film heute zum Sonntagsnachmittagskaffee schauen. Damals allerdings war es der Beginn meiner großen bis heute währenden Leidenschaft für Horrorfilme und Kevin Bacon, die selbst durch "Footloose" nie ins Wanken geraten ist.

Auch „Der weiße Hai" wurde nachgeholt. Und zwar schauten wir ihn illegal, in dem wir uns in einem Urlaub in Gabicce Mare auf einem Hügel niederließen, von dem aus man die Filme im Open Air Kino sehen (und teilweise auch hören) konnte.

Dass wir des Weiteren alle (in Worten: "alle") Vampirfilme geschaut haben, in denen Christopher Lee mitspielte, muss, denke ich, an dieser Stelle nicht erwähnt werden, ebenso wenig wie die Rezeption aller Indiana Jones - Teile teilweise mehrmals und in verschiedenen Sprachen mit und ohne Untertitel. Den zweiten (und meiner Meinung nach besten) Teil davon sahen wir gemeinsam in einer deutschen, einer englischen und einer italienischen Version alle innerhalb eines Jahres.

Es versteht sich von selbst, dass damals keine Strafe bei mir mehr wirkte als Fernsehverbot.

Ich erinnere mich da an einen Tag im Urlaub, an dem ich etwas ausgefressen hatte, mich aber schon seit Wochen auf den abendlichen "Winnetou III" mit Pierre Brice im Fernsehen freute. Meine Schuld bekennend "handelte ich" mit Klaus "einen Deal aus", wie man heute in Filmen mit Staatsanwaltsbeteiligung sagt. Eine ordentliche Portion Popo-Haue gegen die Erlaubnis, doch den herbeigesehnten Winnetou-Film sehen zu dürfen. Besiegelt unter Fernsehsüchtigen. Den schmerzenden Hintern auf ein Kissen gebettet, schmolz ich gemeinsam mit Old Shatterhand beim sterbenden Winnetou dahin.

Erst viel später erfuhr ich, dass sich die Studien- und Lernzeit von Klaus gar nicht so sehr von meiner späteren Studienzeit unterschied. Sie bestand zu einer Hälfte aus Lernen, zur anderen aus Partys und zur dritten aus Kinobesuchen. Schlaf war und ist bis heute für uns immer eine zu vernachlässigende Komponente des Lebens gewesen. Den Rekord von 89 (in Worten "neunundachtzig") im Kino gesehenen Filmen innerhalb eines Jahres (1997) halte hingegen immer noch ich, worauf ich Wert lege. Den Grundstein für diese Ausdauer hat allerdings Klaus in den späten Siebzigern gelegt.

Ein Urlaubsort, an dem in akzeptabler Nähe **kein** Kino erreichbar war, wurde prinzipiell **nicht** angesteuert. Egal, wie lange die Anfahrt zur Zwischenübernachtungsherberge auf Italienreisen dauerte, der Kinobesuch am Abend war Pflicht. Und auch da war eigentlich immer egal, welcher Film lief und auf welchem Platz man die letzten Karten bekam, Hauptsache, man saß im Kino und nicht mehr im Auto. "Mäusejagd" 1997 in der ersten Reihe eines Kinos in Lörrach ist sicher das beste Beispiel dafür.

Bis heute tauschen wir uns regelmäßig über die bedeutenden aktuellen Kinofilme aus und besuchen, wann immer es zeitlich passt, die Berlinale, um filmisch immer direkt am Puls der Zeit zu sein.

Die Liebe zu Tarantino und zu seinen Filmen geht in unserer Familie so weit, dass mein Bruder und ich uns eines Tages (ohne das Wissen unserer Frauen) darauf geeinigt hatten, dass sämtliche unserer Kinder als Zweitnamen die Namen von Charakteren oder Bezugspersonen aus dem Tarantino-Film „Pulp Fiction" erhalten sollten.

Die vollen Namen unserer Kinder Max Vincent Richter (Vincent Vega), Sara Mia Richter (Mia Wallace) und Paul Quentin Richter (Quentin Tarantino) werden noch lange Zeugnis dafür ablegen.

Wer also Tarantino liebt, wird nachvollziehen können, wie einzigartig das Erlebnis ist, das ich zum Schluss dieses Kapitels erzählen möchte. Eine Geschichte, die mit der zentralen Figur des Franco Nero eine schöne Klammer darum schließt.

Es begab sich im Jahre 2012 (zu diesem Zeitpunkt waren bereits sämtliche unserer Kinder getauft).

Wie schon so oft saß ich als erster in einer Preview eines neuen Werkes des Großmeisters Tarantino. In diesem Jahr war es "Django Unchained", ein großartiges blutüberströmtes Meisterwerk und erneut einen Oscar für Christoph Waltz wert. Voller Begeisterung erzählte ich allen, die es hören und nicht hören wollten, von diesem Hochgenuss. Natürlich erinnerte ich mich auch dunkel an meine Franco-Nero-Kindheit, hätte ihn selbst aber nie wiedererkannt, wenn ich nicht zuvor recherchiert hätte, dass er eine Gastrolle übernommen hat.

Meine Eltern waren inzwischen in die Jahre gekommen (Mitte 70), und ich hatte schon 2 Jahre zuvor gemerkt, dass der Filmgeschmack darunter gelitten haben musste (*dementia cinematica* kommt schleichend, kann aber dramatische Auswirkungen haben).

Immerhin hatten sie während des Films "Inception" nach 20 Minuten den Kinosaal verlassen.

Nach der oben beschriebenen Szene mit der Cappuccino-Maschine hatten sie mir damit erneut einen Grund dafür gegeben, meine Abstammung zu ihnen zu leugnen. Demnach kam es mir nicht in den Sinn, auch mit ihnen meine Begeisterung zu teilen, da ich Unverständnis prognostizierte.

An einem Sonntagabend, vier Tage nach der Premiere von "Django Unchained" erhielt ich einen Anruf von Klaus Richter mit zunächst lapidarem Inhalt (Laufen, Lauftherapie, DLZ, Taufen, Hochzeiten, Todesfälle, Krankheiten, Realteil der Nullstellen der Zetafunktion, ...), der aber auf einen Höhepunkt hinsteuerte: "Übrigens, Mama und ich waren gestern mal wieder im Kino. Den Film musst du unbedingt sehen! Ein Meisterwerk! Ein absoluter Hochgenuss mit Oscar-reifen Darstellern durch die Bank weg." Während er sich in seine Begeisterung hineinsteigerte, ging ich alle zu der Zeit aktuellen Filme im Kopf durch, die er hätte meinen können: "Der Hobbit" mit Christopher Lee (!!), "Immer Ärger mit 40" mit Megan Fox, "Les Miserables" mit Russell Crowe, "Unterwegs mit Mum" mit Barbra Streisand und war gerade zu der Überzeugung gekommen, dass es nur "Les Miserables" sein konnte, als er mir den Titel verriet in der Überzeugung, dass ich davon noch nichts gehört habe: "Django Unchained! Der Hammer!", worauf ich so sprachlos war, dass ich nur antworten konnte: "Ja, habe ich vor ein paar Tagen schon gesehen! War gut!".

Dass ich mit der Ferndiagnose *dementia cinematica* so dermaßen falsch lag, möge man mir nachsehen und die Erklärung darin suchen, dass ich im falschen Fach promoviert habe. Franco Nero scheint eine homöopathische Wirkung zu haben.

„Muss ich jetzt auf ‚a:' gehen?" – oder: Die Digitale Klausformation

Die "Digitale Transformation" ist momentan **das** Buzzword in der IT-getriebenen Welt und beschreibt das Umdenken, an dem Unternehmen nicht mehr vorbeikommen, wenn sie in der digitalisierten Welt bestehen wollen.

Auch Klaus Richter hatte schon immer geahnt, dass man sich immer schneller auf neue Technologien einstellen muss. Und er lebte danach.

Alles begann damit, dass wir gemeinsam unseren ersten Computer kauften, einen Sharp MZ 80K, **dem** Pionier des PC-Marktes, der bereits 1978 auf den Markt kam.

Und wer durfte ihn im Auftrag von Klaus Richter benutzen? Der kleine Raffi.

Das Prinzip zog sich über Jahre hin: Klaus kaufte den (zweit-) neuesten Schrei an Technologie, und der kleine Raffi fuchste sich ein und kannte sich aus.

Ob es nun elektrische Schreibmaschinen oder die erste (!!) Version Word 1.0, mit der man noch über die Escape-Taste in ein textuelles Menü sprang, war. Sich das KnowHow in Sachen neue Errungenschaften anzueignen, wurde immer mir überlassen.

Mit etwas mehr als 1.000 Lire wurde allerdings vergütet, wenn ich diese Dinge auch zur Unterstützung von Klaus diversen Interessen und Tätigkeiten benutzte. Z.B. um Predigten aus handschriftlichen Notizen abzutippen oder später sogar ganze Bücher zu setzen.

Jeder Sohn oder Schwiegersohn (inzwischen sogar Enkelsohn oder -tochter) der heutigen Zeit wird die Situationen kennen, in denen man vom (Schwieger-/Groß-)Vater gefragt wird, warum der

Rechner so lange braucht, um hochzufahren, und man die Shortcuts von Shareware-Programmen, welche den Desktop besiedeln, nicht mehr zählen kann.

Es ist schwer, dabei die Ruhe zu bewahren, und nach und nach in stundenlanger Kleinarbeit die Programme aus dem Autostart und den Browsern zu entfernen, und dabei Fragen zu beantworten, die da lauten "Wenn ich eine Datei auf einer Diskette speichern möchte, muss ich da auf "a:" gehen?".

Zum Glück sind die Zeiten vorbei, als Speichermedien noch biegsam waren.

Würde man nun vermuten, dass diese Support-Leistungen mit fortschreitendem Alter immer intensiver wurden, so liegt man bei Klaus Richter falsch. Nachdem ich die Support-Gebühren angehoben hatte, suchte sich mein Vater Rat an anderer Stelle.

Ein lokaler IT-Dienstleister wurde bestellt und die regelmäßigen Treffen mit Hans Stiefermann, mit dem sich Klaus immer über die neuesten Technologien austauschte, taten ihr Übriges.

Seit seinem 75. Lebensjahr habe ich nun kaum noch Support-Anfragen.

Ganz im Gegenteil: Klaus ist in Sachen interner Hardware-Ausstattung sogar meiner Infrastruktur Meilen voraus. Während ich eine externe Festplatte an einen RaspberryPI angeschlossen habe, kommt Klaus mit einem professionell aufgesetzten NAS daher.

Zum Glück durfte ich letztens bei einem Treffen mit dem legendären Freund Hans Stiefermann (übrigens auch Co-Autor dieses Buches) noch die Frage beantworten, wie man denn Dateien von einer externen Festplatte auf die andere kopiert.

Meine verstörende Antwort war: "Wenn man die eine als 'a:' verknüpft, muss man einfach nur auf 'a:' gehen!". Die Ironie in diesem Fall überhörend verschwand Klaus daraufhin in sein Arbeitszimmer. Vermutlich ist die Festplatte spätestens bis zur zweiten Auflage des vorliegenden Buches kopiert.

Ganz anders verhält es sich mit den sozialen Medien. Facebook und Twitter gegenüber war Klaus Richter schon immer sehr skeptisch eingestellt. Grandios war der Tag, an dem mein Vater meinte, er müsse sich jetzt einmal einen Facebook-Account einrichten. Gesagt, getan, ein schönes Profilbild ausgesucht, los ging's.

Leider wusste Facebook nach drei Tagen so viel über ihn, dass er sich entsetzt wieder abmeldete.

Facebook wusste in kürzester Zeit sowohl, dass Klaus Lehrer im Regierungsbezirk Arnsberg und theologisch interessiert ist, als auch, dass er gerne fastet und läuft. Als Filmliebhaber wurde er zudem auch noch identifiziert.

Wenn man sich dort mit dem Vorsatz anmeldet, nur einen Account anzulegen zu wollen, im Laufe von drei Tagen aber so viele Einträge liked, dass jeder Datensammler daran seine Freude hätte, muss man sich darüber auch nicht wundern.

Es ist erst einige Wochen her, dass Klaus erneut auf mich zukam, um ihm einen Facebook- und Twitter-Account einzurichten, damit er Werbung für seine Bücher machen könne.

Eine Lernkurve zeichnet sich ab, denn nun geht er sparsam mit seinen Likes um und postet wirklich nur die wichtigsten Dinge. Man kann Facebook und Twitter auch sehr sparsam und zielorientiert nutzen.

Leider hat er es sich nun auf ewig mit meiner Tochter Sara verscherzt, nachdem er in schallendes Gelächter ausbrach, als ich ihm vorschlug, sich in Sachen Twitter von seiner Enkelin beraten zu lassen, als ich einmal keine Zeit hatte.

Immerhin liegt ihr erster Tweet ca. acht Jahre zurück. Mit drei Jahren twitterte sie zum ersten Mal über mein Handy ein "A" (da war es wieder, das "A") und erklärte danach allen Kindergarten-Kolleginnen, was Twitter ist: "Da tippt man in Papas Handy was rein und schickt das ab, und danach können das alle Leute auf der ganzen Welt lesen!"

Besser hätte selbst Klaus Richter es nicht erklären können, und der ist Lehrer im Ruhestand.

Orlando Ricci – oder: Die lange Suche nach der passenden Sportart

Eigentlich ist dies ein Kapitel über mich. Warum findet es sich dennoch in diesem Würdigungsbuch wieder? Weil natürlich auch hier Klaus seine Finger (oder in diesem Fall „Beine") im Spiel hatte.

Es beschreibt nämlich hauptsächlich den Einfluss von Klaus auf meine sportliche "Karriere". Aber warum "Karriere" in Gänsefüß-chen?

Noch heute sage ich stolz und stehe dazu: "Ich bin total unsportlich, ich kann nur ...". Aber wenn ich das jetzt schon verraten würde, wäre die komplette Spannung weg.

Auch, wer genau Orlando Ricci (es handelt sich weder um mein noch um Klaus' italienisches Pseudonym, sondern um eine reale Person, die unser sportliches Leben geprägt hat) ist, soll an dieser Stelle noch nicht verraten werden.

Von Jugend an war ich mit *Pectus carinatum* und einem zum Glück bis heute nicht schmerzhaften *Morbus Scheuermann* gesegnet, was meinen Sportlehrer in der Grundschule dazu bewegte, mich zum nachmittäglichen Sonderturnen zu verdammen. Schon früh stand ich dazu, dass meine Einstellung zum Geräte- und Bodenturnen eher gegen minus Unendlich geht, wobei meine Begabung in Richtung Mathematik auch noch nicht so ausgeprägt war, dass ich das damals hätte so in Worte fassen können.

Meine Abneigung zum Geräteturnen ließ sich auch nicht durch regelmäßige Reck- und Barrenübungen auf dem nahegelegenen Spielplatz an der Josefskirche in Lendringsen mit meiner Mutter zum Positiven wenden. Trotzdem (oder gerade deshalb) habe ich gebannt dem Olympiasieger Fabian Hambüchen in Rio bei seiner Reck-Übung mit aufgerichteten Nackenhaaren und Tränen in den Augen zugesehen.

Auch bei Mannschaftsballsportarten (die bekannteste ist heute allgemein als Fußball bekannt) ruhte ich mich lieber auf der Bank aus. Wurde ich dennoch eingewechselt, führte dies zwar auch einmal zu einem Tor, allerdings durch mich für die gegnerische Mannschaft, schaffte ich es doch, durch einen defensiven Kopfball ein Eigentor zu erzielen.

Da hätte ich mich lieber wie Ronaldo bei der EM 2016 auf eine Rolle als Co-Trainer eingelassen und danach meinen Oberkörper entblößt. Kreischende Mädchen hätte ich auch damals damit produziert.

Diese Umstände riefen Klaus Richter auf den Plan. Es musste doch eine passende Sportart für seinen Erstgeborenen geben. Obwohl im fortgeschrittenen Gymnasiumsalter ein kleines Leidenschafts- und Begabungsflämmchen für Volleyball aufflammte (was damals noch nicht abzusehen war), schieden zunächst Mannschaftssportarten gänzlich aus.

Individualsportarten gerieten in den Fokus. Meine Ergebnisse bei Bundesjugendspielen ließen zunächst auch die Leichtathletik außen vor. Aber der kleine Raffi (heutzutage dürfen mich so nur noch sehr ausgewählte Familienmitglieder und Freunde nennen) spielte schon immer sehr gerne und leidenschaftlich Minigolf, also wurde er im zarten Alter von 10 Jahren Mitglied im MGC Biebertal und erreichte in einigen Turnieren einen beachtlichen "Schnitt" (Pendant des Handicaps beim Golf) von 25 Schlägen für 18 Bahnen, auf den er bis heute stolz ist. Mehrere Jahre hinweg fuhr mich (bewaffnet mit einem eigenen Schläger und einem Ballköfferchen) mein Vater Klaus zu Wettkämpfen in der näheren und ferneren Umgebung.

Doch die Begeisterung für diesen Sport flaute relativ schnell ab. Ein anderer Ballsport trat in den Vordergrund. Als Boris Becker 1985 zum ersten Mal Wimbledon gewann, spielten Klaus und ich schon seit vier Jahren Tennis. Eine der wenigen Sportarten, die auch an meinem Bruder Oliver nicht spurlos vorbeigingen, wie wir später noch erfahren werden.

Den Tennis-Club Lendringsen nannte ich seit 1981, also mit 12 Jahren mein Zuhause. Große Erfolge feierte ich damals in den Meden-Spielen gemeinsam mit meiner Mixed-Partnerin Britta Zybell, was aber meine Neigung zu "Mannschafts"-Sportarten schon ausreizte.

Es begann die Zeit, in der die (meist Italien-)Urlaube davon gezeichnet waren, als erste Handlung nach dem Check-In im Hotel einen passenden Tennis-Trainingsplatz zu finden. In Sachen Alassio (es kann sein, dass schon einmal erwähnt wurde, dass fast 30 Jahre lang dies unser präferierter Urlaubsort für die Osterferien war), war dies schnell gefunden. Zunächst spielten wir im benachbarten Laigueglia, später war der Hanbury Tennis Club (http://www.hanburytennisclub.it/) lange Zeit unsere erste Anlaufstelle in Sachen Freizeitgestaltung im Osterurlaub, um die 3-5 Gänge-Fressorgien im Hotel Atlantic sportlich wieder abzubauen.

Seit dem Becker-Erfolg war auch mein Bruder immer dabei (sowohl bei den Fressorgien als auch bei den Tennis-Matches).

Unsere Tennis-Leidenschaft ging so weit, dass wir selbst im Sommerurlaub während unserer Studienaufenthalte in Perugia nicht davor haltmachten, bei 40°C Mittagshitze in der Uni-Pause noch Tennis zu spielen. Noch heute schmecke ich das eiskalte Mineralwasser, das wir uns in einer Kühltasche zum Tennisplatz mitnahmen, und von dem die Hälfte auf dem Weg in den Mund schon verdunstete.

Ich feierte keine großen Erfolge, fühlte mich aber mäßig begabt im weißen Sport. Dass mein 33 Jahre älterer Vater mir immer ein guter Trainingspartner war, sagt wohl alles zu meiner Begabung.

In Gabicce Mare (einem schnuckeligen Ferienort an der Adria, in dem wir viele Sommerurlaube verbrachten) wurden wir Zeuge des Wimbledon-Siegs von Boris Becker gegen Kevin Curren.

Schon zwei Jahre zuvor, wusste ich, dass der Tennissport irgendwann von Deutschen geprägt werden würde. Ich meldete mich zu einem lokalen Tennisturnier in Gabicce Mare an. Mein Gegner der ersten Runde war der Lokalmatador "Orlando Ricci", der es sich aufgrund seiner Berühmtheit leisten konnte, zu spät zu seinem Erstrundenspiel gegen mich zu erscheinen. Alle Versuche meines Vaters, das Spiel deswegen als nichtig zu erklären und mich als kampflosen Sieger zu platzieren, schlugen fehl, so dass ich verdient mit 6:0, 6:1 aus dem Turnier ausschied.

Vielleicht war dies schon damals ein Zeichen dafür, meine Tenniskarriere zu beenden. Jedoch ließ ich mich nicht beirren. denn es kam ganz anders.

Ich blieb (vielleicht auch durch Boris Becker und später noch mehr durch mein Idol Ivan Lendl und durch Jimmy Connors) motiviert, am Tennis-Sport festzuhalten und mich nicht durch einen dahergelaufenen Italiener demotivieren zu lassen. Weinend eingehüllt in mein Juve-DelPiero-Trikot fand ich Trost auch in dieser schweren Stunde.

Meine langsame Abkehr vom aktiven Tennis-Sport hatte allerdings ganz andere Gründe als die Niederlage gegen Orlando Ricci, den man vermutlich aufgrund seiner von mir liebevoll gegossenen Betonschuhe (algenbedeckt vor der Isola Gallinara in 300m Tiefe) immer noch nicht gefunden hat.

Denn irgendwann kam der legendäre Ausspruch von Klaus, der mein Leben maßgeblich verändert hat.

"Wenn du im Tennis Erfolg haben willst, musst du auch Kondition aufbauen! Geh doch mal zum wöchentlichen Lauftreff des Tennis-Clubs!". "Laufen? Das ist doch stinklangweilig! Und dann noch 5km, d.h. eine halbe Stunde. Das ist doch viel zu lang!", war meine Reaktion.

Damals hatte Klaus Richter jedoch durch seine Stellung als Familienoberhaupt mir gegenüber noch ein gewisses Maß an Autorität inne, so dass ich mich seinem "Wunsch" nicht lange entziehen konnte.

Ich nahm also ein paar Mal am Lauftreff des TC Lendringsen teil, der über 5,5km ging, und war schon nach dem zweiten Mal überzeugt: "Laufen ist mein Sport!".

Dieses Erlebnis hatte Klaus auch schon fünf Jahre zuvor gehabt und war daher umso erfreuter, als er diese Reaktion bei mir bemerkte.

Hatte er doch schon in den letzten Jahren während meiner Tennisphase in Form des "Sauerländer Modells" (eines frühen Vorgängers des "Paderborner Modells") versucht, mir den Laufsport nahe zu bringen.

Das Sauerländer Modell (1983)
Frei nach Gefühl auf einer (im Sauerland sehr selten anzufindenden) flachen 2km-Strecke Lauf- und Geh-Einheiten miteinander kombinieren, und die Geh-Einheiten so lange nach und nach verkürzen, bis man irgendwann die Strecke durchlaufen kann, die man dann wiederum frei nach Gefühl nach und nach verlängert.

Zufälligerweise wurde just in diesem Jahr (1983) der "Marathon-Club Menden" von den drei Brüdern Walter, Josef und Horst Kaderhandt gegründet.

Nachdem ich beim Tennis-Lauftreff immer mehr Spaß am Laufen gefunden hatte, war unser Entschluss gefasst:

Wir traten beide im Jahr 1984 in den Marathon-Club Menden ein, genau am Tag der Vereinsmeisterschaften, an denen wir beide direkt teilnahmen.

Ich wurde Vereinsmeister in der männlichen Jugend B über 6,5 km in der Mendener Waldemei auf einer Rundstrecke, auf die ich selbst heute noch gerne zu Wettkämpfen zurückkehre, und es war um mich geschehen.

Laufen? Langweilig? Wie konnte man so etwas je geglaubt haben? Laufen war und ist seitdem für mich der Inbegriff der Entspannung, des Herunterkommens. Dieses Gefühl, ganz mit sich, der Natur und dem Körper eins zu sein, wollte ich nicht mehr missen. Kurzerhand meldete ich mich beim Tennis-Club ab. Meine Leidenschaft für den Tennis-Sport hält allerdings bis heute an.

Noch heute schaue ich mir (über einen UK-VPN-Tunnel) die Wimbledon-Finalspiele im Fernsehen auf BBC online an und fiebere mit Angelique Kerber, Novak Đoković und Andy Murray.

Einmal sogar durfte ich (gemeinsam mit Klaus) ein Spiel in Wimbledon mit Venus Williams live vor Ort bewundern, was vergleichbar mit dem Besuch des Champions-League-Finales zwischen Dortmund und Bayern im Londoner Wembley-Stadion war. Aber das alles war nichts gegen das, was dann im Bereich des Laufsports folgte.

Noch im selben Jahr - an meinem Namenstag - lief ich meinen ersten Marathon gemeinsam mit Klaus in Brüssel 1984 in 4:45h und mir war klar: "Ich bin zwar komplett unsportlich! Aber ich kann laufen!"

Vermutlich habe ich Klaus damit - ohne dass ich mich unter Druck gesetzt gefühlt habe - am glücklichsten gemacht. Nach all den Jahren der Bringdienste zu Minigolfturnieren, der hitzeschlaggefährdenden Tennis-Einheiten war nun endlich sein Erstgeborener im Paradies der Läufer angekommen.

Inzwischen bin ich überzeugt, dass es sich bei der Laufleidenschaft um eine Erbkrankheit handelt. Ich habe im Jahr

1996 meine Frau beim Laufen kennengelernt, die auch aus einer Läuferfamilie stammt, und meine 11-jährige Tochter kam vor einigen Monaten nach einem 5km-Lauf zu mir und sagte: "Ich laufe am liebsten in der Gruppe ohne mich zu unterhalten oder alleine, weil ich dabei so gut entspannen und alles loslassen kann!". Dass das so ist, hatte weder meine Frau, noch ich, noch der Opa ihr jemals anerzogen. Verblüffend.

Inzwischen haben Klaus und ich ca. sechs Marathons und etliche kürzere Wettkämpfe gemeinsam absolviert (alle davon in den 80er/90er Jahren). Danach wurde ich ihm etwas zu schnell und er beschränkte sich auf die wohltuende und nicht mehr wettkampforientierte Art des Laufens, wandte sich kurzerhand der Lauftherapie zu, auf die an anderer Stelle dieses Buches noch ausgiebig eingegangen wird.

Nachdem ich Klaus bei einem 10km-Lauf in Fröndenberg begleitet hatte, und es mir auf dem letzten Kilometer tempomäßig zu langweilig wurde, trennten sich seitdem unsere Wettkampf-Laufwege. Trotzdem wurden tiefschürfende familien- und sonstige wegweisende Entscheidungen, die wir gemeinsam fällen mussten, oder die jeder einzeln zu fällen hatte, immer auf der Laufstrecke beim langsamen Dauerlauf ausdiskutiert.

Dazu zählten Beziehungsberatungen, finanzielle Entscheidungen und einige weitere lebensmarginale Themen.

Die Vater-Sohn-Beziehung war seitdem auch immer eine Läuferbeziehung, die mit Standard-Themen wie Gewicht, Wochenkilometerleistung, letzte Marathon- und 10km-Zeit durchsetzt war.

Besonders hervorzuheben (wer kann das schon mit seinem Vater teilen?) ist, dass zunächst ich bei seiner Meniskus-OP im Jahre 1998 zugegen war und dann er bei meiner Meniskus-OP im Jahre 2013.

Ich als Fahrer nach München-Bogenhausen zu Prof. Dr. Jürgen Toft, er als Besucher in der Praxis von Dr. Michael Moraldo im Herz-Jesu-Krankenhaus in Münster-Hiltrup 15 Jahre später.

Was, wenn nicht das, schweißt Läufer, Väter und Söhne noch enger zusammen?

Bis heute halten wir gemeinsam Seminare am Deutschen Lauftherapiezentrum in Bad Lippspringe, aber zu dem Thema soll an anderer Stelle noch etwas geschrieben werden.

Der Vater der beiden Söhne – Lehrerkind und Haupturlauber

von Oliver Richter

Das Lehrerkind

Als Lehrerkind hat man es bekanntlich nicht leicht. Irgendwie versagen Pädagogen meistens bei der Erziehung der eigenen Kinder. Ich jedenfalls war resistent gegen jede Form von Akzeptanz

oder gar Annahme von Lebensweisheiten und Erfahrungen, die mein Vater an mich weitergeben wollte.

Dabei wären mir zugegebenermaßen wahrscheinlich 99 % meiner großen Fehler im Leben erspart geblieben, hätte ich nur mal zugehört.

Anstatt froh zu sein, dass er zu jeder Lebenslage und zu jeder Entscheidung Tipps und Erfahrungen aus seinem bewegten Leben parat hatte, zog ich es immer vor, meine von ihm vorausgesagten Fehler selbst zu machen und so oft krachend zu scheitern.

Natürlich schmierte er mir das jedes Mal aufs Brot. Wer könnte ihm das auch verdenken? Aber er tat das nie auf eine herablassende Art, sondern ließ mich meinen Weg gehen und hat mit Sicherheit im

Stillen oft genug den Kopf geschüttelt und zu sich gesagt: „Er muss wohl selber fühlen, wenn er schon nicht zuhören will".

So machte ich dann meine großen Lebensfehler selbst. Ich kaufte grundsätzlich die falschen Autos, meine Freunde waren eine Bande Taugenichtse, und bis zum Kennenlernen meiner Frau hatte ich grundsätzlich die falschen Freundinnen.

"Da steht ein Mädel mit blauen Haaren vor der Tür!!" sagte Klaus nur, als meine jetzige Frau Nadine mich das erste Mal mit ihrem weißen Mexico-Käfer von zu Hause abholte. Als sie mich dann jeden Morgen mit zur Berufsschule nahm, war für meinen Vater klar: "Das ist die Richtige. Wer dich morgens erträgt und am nächsten Tag wiederkommt, kann was ab."

Eigentlich hätte ich jetzt jeden Kontakt zu ihr abbrechen müssen, um meiner Maxime treu zu bleiben, niemals auf den Rat meines Vaters zu hören. In diesem Fall aber machte ich eine Ausnahme.

Pädagogen als Eltern sind schon ein Kreuz. Sie wissen alles, meistens sogar besser und am schlimmsten ist: Sie meinen es ja nur gut und wollen nur das Beste für ihre Kinder.

Natürlich haben Pädagogen auch immer unterschiedliche Herangehensweisen und Konzepte.

Klaus brüllte mich an, schmiss auch schon mal einen Teller mit Kartoffelpüree durchs Esszimmer oder strafte mich mit tagelanger Nichtbeachtung.

Christel dagegen schrieb seitenlange Briefe, suchte die Schuld bei sich selbst und legte verzweifelt Patiencen bis tief in die Nacht.

Beide Versuche brachten nichts.

Seit ich selbst Vater bin, weiß ich: Man kann nur beobachten, Vorbild sein und zur Stelle sein, wenn man gebraucht wird. Zur Stelle waren die beiden immer, Lehrer halt. Vorbilder auch, nur beobachten gelingt beiden bis heute nicht ohne entsprechenden Kommentar. Wer will es ihnen verdenken?

Der Haupturlauber

Ein Vorteil an Lehrereltern ist allerdings die Möglichkeit für ausgiebige Urlaube.

Jahrelang sind wir fast in jedem Jahr die gesamten Oster- und Sommerferien nach Italien gefahren. Wunderbare Urlaube, von denen ich bis heute zehre.

Dort erprobte mein Vater an mir und meinem Bruder die neuesten erzieherischen Maßnahmen.

Zum Beispiel das von meinem Bruder schon erwähnte 1.000 bis 10.000 Lire-Konzept.

In meinem Fall war z.B. das Joggen gehen in aller Herrgottsfrühe ohne Frühstück meinem Vater 10.000 Lire wert.

Für mich bedeutete das hauptsächlich: In der „Sala Gioci" konnte man den ganzen Abend „Streetfighter" spielen.

Da mein Bruder und ich damals heftig spiel- und eissüchtig waren, brauchten wir diese Finanzspritzen mehr als die Vollpension.

Jeden Abend ging es in die angesagtesten Bars der Stadt, und wir waren immer mit dabei.

Wurde es zu spät, da Salvatore mal wieder nicht aufhörte zu singen, legten wir uns einfach auf irgendeine Couch in der Bar und schliefen friedlich, bis Klaus und Christel angeheitert mit uns beiden im Arm ins Hotel schlenderten und den Nachtportier aus seinem Nickerchen rissen.

Ungewollt haben meine Eltern so wahrscheinlich den Grundstein für meine nicht wirklich gesunde und ausufernde Feierei vom 18. bis zum 25. Lebensjahr gesetzt.

Ich fühle mich halt wohl in Bars und Clubs. Irgendwie kann ich bis heute in verrauchten und unglaublich lauten Clubs ohne die geringsten Schwierigkeiten einschlafen.

Ob das jetzt eine gute und sinnvolle Eigenschaft ist, mag man bezweifeln.

In der Hotellobby des Atlantic Hotels in Alassio spielten wir oft nach dem 2-stündigen Abendessen, bei welchem der kleine Raffi und ich jeweils bis zu sechs Tartufi (italienische Schokoladentrüffel) zum Nachtisch hatten, gemeinsam Rommé. Die Getränkerechnung beförderten wir so in astronomische Höhen.

Diese Partien waren legendär. Klaus und Christel stritten unaufhörlich, während jeder Zug gefühlte Ewigkeiten dauerte, da unsere Regeln einfach alles erlaubten, solange abgelegte Karten auch auf dem Tisch blieben.

Meine Frau akzeptiert die Richterschen Regeln bis heute nicht, und so wird auch die Tradition des Streitens an die nächste Generation weitergegeben.

"Karte oder `n Stück Holz!", wurde regelmäßig von Christel Richter durch die Lobby des Hotels gebrüllt und Signor Mirko an der Rezeption und die anderen Gäste wussten sofort: „Die Richters zocken wieder!"

In den ersten zehn Jahren unserer Osterurlaube gingen wir nach diesen Abenden im Hotel oder in den Bars von Alassio mit unseren Miturlaubern Familie Rasch aus Hemer oder hier nicht näher genannten Kölner Porschefahrern zu viert in die "Camera Due" (Zimmer Nr. 2), in welchem man gerade so zwischen den Betten her passte und schliefen in den frühen Morgenstunden ein, während Christel Patiencen legte.

Dieses Flap-Flap-Geräusch, wenn sie die Karten ablegt, liebe ich und bestimmt grummelt Klaus auch heute noch, schon halb schnarchend: "Jetzt reicht es aber!

Christel! Komm ins Bett!".

Bis wir unsere festen Anlaufpunkte in Italien hatten, waren die Urlaube am Anfang sehr abenteuerlich. Einmal haben wir uns dermaßen verfahren, dass wir in einer Tiefgarage in Baden-Baden endeten, einmal kurz darin herumkurvten und dann wieder herausfuhren, nachdem wir diese Stippvisite natürlich bezahlen mussten.

Nicht, dass Klaus Richters Nerven dadurch sowieso bis zum Zerreißen gespannt waren, Christel konnte dann wunderbar nörgeln und der kleine Raffi und ich lachten uns selbstverständlich den ganzen Urlaub über den Kurzausflug kaputt.

Klaus hatte es schon nicht einfach mit uns.

So erhielt er von uns auch einen eigenen Urlaubsnamen, den wir ihm in Alassio - unserem italienischen Lieblingsurlaubsziel - gaben.

Chiacca hieß er direkt, nachdem er fälschlicherweise *gelato chiaccaloto* anstatt, wie es richtig gewesen wäre *gelato chioccolato* (Schokoladeneis) in einer Eisdiele bestellte und ihn der Kellner fragend ansah, während wir vor Lachen fast zusammenbrachen.

Bevor Klaus zum Asketen mutierte, war er dem Wein nicht abgeneigt, und täglich standen einige Flaschen Bardolino von Bolla auf der Hotelrechnung. Auch Christel konnte trinken wie ein Matrose, und so begingen wir unvergessliche Abende auf diversen Weinfesten und in urigen Kneipen.

Am besten kann ich mich immer an den Weg zurück ins Hotel oder die Pension erinnern, als uns Christel mit Klaus' Unterstützung alte Volkslieder beibrachte.

Ein Trauma habe ich allerdings immer noch aus einem Urlaub in Gabicce Mare. Es war die Zeit, in der Boris Becker das erste Mal Wimbledon gewann und wir alle total auf Tennis abfuhren.

Natürlich spielten wir selbst auch, meiner Meinung nach auch ganz passabel. Durch den Hype war es natürlich extrem schwierig, einen bezahlbaren Platz zu mieten, also spielten wir meistens mittags, bei 45 Grad, wenn kein vernünftiger Italiener oder gar Touristen auf die Idee kamen, ihre Gesundheit derart aufs Spiel zu setzen.

Eines Tages spielte ich also in der Gluthitze ein Match gegen Klaus. Am Ende der gemieteten Stunde lag ich 5:1 hinten und hatte die schlechteste Laune, die man sich vorstellen kann. Verlieren kann ich übrigens bis heute nicht.

An diesem Tag aber, war es so schlimm, dass ich mit keinem mehr ein Wort sprach. Am nächsten Tag hatten wir wieder - natürlich mittags - einen Platz gemietet. Es gelang mir, in einem unglaublichen Kraftakt das Spiel zu drehen, und ich gewann mit 7:5. Mein Hochgefühl war unendlich, und der Urlaub war gerettet.

Mit der Zeit aber - so ein Sommerurlaub ist lang - kamen Zweifel in mir auf, ob Klaus nicht einfach um des lieben Friedens willen extra verloren hatte. Prompt war meine Laune wieder am Nullpunkt angelangt. Aber er war nicht zu bewegen, dies zuzugeben. Bis heute - und das ist 30 Jahre her - lächelt er immer nur, wenn ich ihn danach frage. Denn ich will es immer noch wissen. Naja, ich habe jetzt selbst zwei Söhne und kann es mir inzwischen fast denken.

Anekdoten und Amerika

Anschneiden könnte ich jetzt auch die diversen Fastenkuren von Klaus, aber hier soll eine Anekdote reichen. Denn hierüber wird an anderer Stelle noch ausgiebig berichtet werden.

Ich hatte bravourös mein Zeugnis verhauen und musste bei meiner absoluten Hasslehrerin Schwester Maria Gabrielis in die Englisch-Nachprüfung.

Da passte es wunderbar, dass Klaus eine Schrothkur in Oberstaufen machte und ich zum Lernen mitreisen musste.

In dem Kaff gab es definitiv nichts, was mich ablenken konnte. Ich hatte zwar erreicht, dass ich mein Skateboard mitnehmen durfte, aber das brachte mir wenig, da die Straßen in diesem gottverlassenen Ort unbefahrbar waren.

Völlig gefrustet verknallte ich mich in das 5 Jahre ältere Zimmermädchen Antje und machte einige der prägendsten Erfahrungen meiner Jugend.

Ohne näher darauf eingehen zu wollen, wurde es alles in allem doch ein gelungener Urlaub. Ich schaffte die Nachprüfung in Englisch, und Deutschland wurde Weltmeister.

Der Korso der Traktoren mit Deutschlandfahnen durch den Ortskern dieser Millionenmetropole entschädigte für einiges.

Ich weiß nicht in welchem Urlaub es war, aber Christel erzählte uns einmal von einer Schrothkur, die Klaus alleine in Oberstaufen absolvierte.

Sie besuchte ihn dort nach 2 Wochen und wollte abends einmal mit ihm ausgehen.

Sie betraten eine Kneipe im Dorf und die Bedienung rief schon von weitem: „Ein Viertel Rotwein wie immer für Sie?" in Klaus' Richtung.

Er versank im Boden, denn er hatte Christel zuvor nie erzählt, warum er genau diese Art des Heilfastens bevorzugte. An den sogenannten Trinktagen darf die vorgegebene Menge an Flüssigkeit auch in Form von Wein zu sich genommen werden.

Meinen ersten Rausch hatte ich auch im Urlaub mit Klaus. Wir waren alleine in Pfronten im Winterurlaub und hatten eine Wanderung zu einer Hütte unternommen. Durchgefroren und erledigt genehmigte Klaus sich ein paar Krüge Kirschwein und ließ mich wohl ein paar Mal zu oft probieren. Verdammt lecker das süße Zeug.

Auf dem Rückweg stützten wir uns gegenseitig und philosophierten darüber, dass ein Erfrierungstod wohl nicht so schlimm sein könne, da man ja einfach nur einschläft.

Die Sprachurlaube in Perugia waren auch ein Abenteuer. Ich kam mit in die Uni, lernte nebenbei auch ein paar Brocken Italienisch und fühlte mich ganz wie ein Student.

Die beste Pizza der Welt gab es in einer kleinen Pizzeria namens *Etrusca* mitten in Perugia, in der es immer so heiß war, dass jedes Getränk innerhalb von 10 Minuten die perfekte Temperatur für ein Heißgetränk angenommen hatte. Aber die Pizza! Unglaublich!

Unvergessen auch die Kino Abende in Lörrach, von denen zuvor schon einmal die Rede war. Auf der Fahrt nach Italien übernachteten wir immer bei Frau Streich, die damals schon geschätzte 200 Jahre alt war.

Abends ging es traditionsgemäß ins Kino, und wir schauten Klassiker wie: "Der Feind in meinem Bett" oder diverse Bond-Filme.

So konnten wir am nächsten Tag einigermaßen erholt wieder in den weißen Mercedes 240 D einsteigen und weiterfahren.

Die Krönung der Urlaube war allerdings der USA Besuch von Klaus und mir. Bis heute bin ich unendlich dankbar für dieses Geschenk.

Das zeigte ich meinem Vater natürlich, indem ich mir einen Tag vor Abflug aus einer Laune heraus die Haare auf 3mm kürzte und so schon vor der Abreise einen ausgewachsenen Streit provozierte.

Er hatte es nicht leicht mit mir.

Mein Bruder - der kleine Raffi - spielte New York, New York auf dem Klavier, und wir bereiteten uns auf das bevorstehende Abenteuer vor. Zuerst ging es nach New York, und ich war während des Starts und der Landung luftkrank.

Das komische Gefühl im Magen verstärkte sich noch bei der Landung in New Ark, als wir auf dem benachbarten Rollfeld ein brennendes Flugzeug sahen, welches von Dutzenden Feuerwehrwagen umringt war.

Vom Jetlag angestachelt rannten Klaus und ich sofort los in die Stadt, entgegen aller Ratschläge der Reiseführer und Mitreisenden. Nach 3 Stunden stolperten wir völlig verpeilt und schlaftrunken durch Manhattan und hätten es fast nicht zurück ins Hotel geschafft.

Die Tage in New York verbrachten wir mit exzessivem Shopping und rannten täglich durch diese riesige und imposante Stadt. Danach flogen wir noch 5 Tage nach Miami und erlebten fast dasselbe Szenario wie bei der Landung in New Ark. Man könnte fast Flugangst entwickeln bei diesen Zufällen.

Miami aber war wunderbar.

Ich besorgte Bier für die unter 21-jährigen der Reisegruppe, und wir chillten den ersten Abend am Pool. Das Wasser hatte die Temperatur eines aufgeheizten Babybeckens, und wir beschlossen, uns im Meer abzukühlen.

Wir rannten zum Strand und schnurstracks ins Wasser. Allerdings brachte uns das keine echte Erfrischung, denn das Meer war noch wärmer als der Pool.

Überhaupt schwitzte man unaufhörlich, um dann in auf gefühlte -10°C heruntergekühlten Gebäuden mit den Zähnen zu schlottern. Verrückte Amis!

Auch einen Tornado erlebten wir und durften für zwei Stunden das Hotel nicht verlassen. Hätte er uns richtig erwischt, hätte die Bretterbude von Hotel dem Sturm nicht standgehalten.

Wir genossen Key West, fuhren mit dem Hovercraft durch die Everglades, und ich nahm ein Alligatorbaby auf den Arm.

Übrigens ist das das einzige Foto, das ich aus diesem Urlaub kenne.

Früher machte Klaus viele Fotos in unseren Urlauben. Wir haben mit Sicherheit zehntausende Dias in seinem Arbeitszimmer. Gesehen habe ich die ganzen Fotos vielleicht ein einziges Mal. So muss die Erinnerung reichen.

An dieser Stelle fällt mir auch ein, dass Klaus mir in Miami noch einen Urlaub mit dem Wohnmobil durch die Westküste der USA versprochen hatte. Darauf muss ich ihn bei Gelegenheit einmal ansprechen.

Vom Teenager zum Familienvater

Heute bereue ich fast, dass dann unvermeidlich eine Zeit kam, in der mit den Eltern in den Urlaub fahren absolut uncool war. Ich wollte lieber mit meinen Kumpels Party machen, Skateboard fahren und rumhängen.

Das Geld und die Vorräte, die einem die Eltern in weiser Voraussicht zur Verfügung gestellt hatten, waren nach 2 Tagen komplett von der Horde Freunde, die sich natürlich sofort bei mir einquartiert hatte, ausgegeben und vertilgt. Perfekt.

Ich hatte ja nur noch 5 1/2 Wochen Sommerferien vor mir.

Einen Tag vor der Rückkehr der Eltern hatte man dann nur noch einen kläglichen Rest echter Freunde, die auch dabei halfen, das

Haus wieder halbwegs in einen Zustand zu versetzen, der dem Original vor den Ferien nahekam.

Einige zerstörte Dinge und die Petzerei der genervten Nachbarn ließen sich natürlich nicht verhindern.

Es war schon schwierig genug, der Hauswirtschafterin Frau Gottschalk ein Schweigegelübde über die Schnapsleichen abzuringen, die sie beim Blumengießen im Wohnzimmer vorfand.

Jetzt habe ich selbst eine Familie, und die Urlaube könnten nicht unterschiedlicher sein. Meine Kinder Max und Paul müssen ständig Fahrradfahren oder wandern, zelten oder im Wohnwagen übernachten.

Jugendherbergen sind schon das Höchste der Gefühle. Ich glaube deshalb nicht, dass meine Kinder zu meinem 80. Geburtstag Anekdoten aus unseren Urlauben zu Papier bringen werden.

Falls es dann überhaupt noch Papier gibt, oder Geburtstage oder überhaupt irgendetwas, das nicht nur in der virtuellen Welt stattfindet.

Meine Eltern haben zum Glück meiner Frau, meinen Kindern und mir kürzlich eine Woche Urlaub nach Wunsch geschenkt. Im Herbst dieses Jahres werden wir gemeinsam in den Urlaub fahren.

Ich freue mich sehr auf diese gemeinsame Zeit und höre uns schon alle: "Karte oder 'n Stück Holz!" durch die Hotelanlage brüllen.

Klaus Richter – der Freund

Dr. theol. Klaus Richter – Eine Annäherung

von Hans Stiefermann

Aus der Schule zum Fasten

Vor etwa 40 Jahren lernte ich ihn kennen: Klaus Richter, Jahrgang 1936.

Aus der Distanz lernte ich ihn kennen. Bedingt durch das Wollen des Schulträgers, aus drei unterschiedlichen Schulen eine einzige zu bilden, war unsere nun gemeinsame Schule, in der wir unterrichten durften, verteilt auf drei Schul-Stand-Orte!

Die Distanz zwischen Klaus Richter und mir betrug damals ca. 30 Kilometer. Und diese war damals sicherlich nicht nur räumlich zu sehen. Wir sahen uns entsprechend nur gelegentlich, etwa bei Lehrerkonferenzen. Die erste dieser gemeinsamen Lehrerkonferenzen der bisher eigenständigen drei unterschiedlichen Lehrerkollegien fand in der Schützenhalle im mittleren Ort der drei Schul-Stand-Orte statt. Da der dortige Schützenwirt verständlicherweise auch auf seinen Umsatz bedacht war, wurde daraus aus meiner lebensbejahenden Sicht eine relativ lustige konstituierende Lehrerkonferenz.

Entsprechende Wiederholungen der Konferenzen in diesem Ambiente konnte ich mir sehr gut vorstellen, ja sie waren sogar wünschenswert. Leider nahm man davon aber künftig Abstand. So lernte ich Klaus Richter aus der Riege der selbstbewussten Kaufleute dort nicht direkt persönlich kennen. Wenn überhaupt hatte ich ihn dort eventuell sogar zum ersten Mal wahrgenommen.

So lebten wir wohl etliche Jahre nebeneinander her. Er als stolzer Kaufmann, ich - etwa 30 Kilometer entfernt - als nicht ganz ernstzunehmender sogenannter „Sozialpädagoge". Wie ich damals, nach dem Zusammenschluss zu dieser großen Bündelschule bestehend aus Kaufleuten, Technikern aus dem Metallbereich, HauswirtschaftlerInnen und eben Sozialpädagogen erfahren musste, waren wir eben die etwas „spinnerten Weltverbesserer".

Irgendwann Anfang der 80er Jahre hatten wir einen Kollegen aus dem gewerblich- technischen Bereich, welcher - ähnlich wie ich - recht beleibt war. Dieser Kollege, nennen wir ihn Rüdiger, hatte damals für sich und sein Problem das schöne Oberstaufen im Allgäu entdeckt. Hier unterzog er sich einer sogenannten Schrothkur. Mitteilsam, wie er war, erzählte er begeistert allen (ob sie es hören wollten oder auch nicht) vom Leben in Oberstaufen und von seinen persönlichen Erfolgen auf dem Weg zu einer schöneren Gestalt.

Wobei er damit sicherlich nicht das altgriechische Ideal der „Kalokajathia" meinte.

Zufällig trafen nun Klaus Richter, unser Rüdiger und ich im Flur der Schule aufeinander, und natürlich wurden wir sofort von Rüdiger über seine Erfolge genauestens informiert. „Das wäre doch auch etwas für dich!", signalisierten die mitleidigen Blicke von Klaus Richter. Und auch er selbst zeigte Interesse - wohl aus eher altruistischen Beweggründen - sich einer entsprechenden Maßnahme im Allgäu zu unterziehen. So meldeten Klaus und ich uns spontan im Hause Lässer in Oberstaufen an, um dort eine Probewoche zu absolvieren. Bevor wir jedoch weiter von Klaus berichten wollen, sollen dem geneigten Leser erst einmal die Besonderheiten dieser sogenannten Schrothkur erläutert werden.

Die Schrothkur – Ein Exkurs

Der Fuhrmann Johann Schroth lebte etwa von 1788 bis 1856 in Schlesien. Es wird berichtet, dass er beobachtete, dass erkrankte Pferde das ihnen angebotene Futter verweigerten.

Ebenfalls soll Schroth im jugendlichen Alter von einem Pferd getreten worden sein. Dabei wurde ein Knie so verletzt, dass es steif blieb. Ein Mönch soll ihm damals geraten haben, sein Knie mit kalten Wasserumschlägen zu behandeln. Nach einiger Zeit nun verspürte er eine gewisse Besserung.

Aus diesen beiden Vorkommnissen entwickelte Johann Schroth nun die Idee, die so gewonnenen Erkenntnisse auf den Menschen zu übertragen. Sicherlich war er beeinflusst durch die damals vorherrschende Hoch-Zeit der naturheilkundlichen Verfahren. So war Prießnitz - neben Pfarrer Kneipp einer der „Wasserheiler" - ein Schulkamerad von Johann Schroth. Auch Samuel Hahnemann, der Begründer der Homöopathie, war ein naturheilkundlich ausgewiesener Zeitgenosse.

Etliche naturheilkundliche Sanatorien entstanden in der damaligen Zeit. Seinerzeit war es eben modern, sich dort behandeln zu lassen. Vielleicht als Vorläufer der heutigen Wellness-Welle in den Spas fast aller großen Hotels.

Sicherlich von all dem beeinflusst, entwickelte Schroth nun sein Verfahren, um auch Menschen entsprechend zu behandeln, nämlich mit Wasser und einer Art Diät. So besteht das Schrothsche Verfahren darin, morgens früh, fast noch zu nachtschlafender Zeit, nach Genuss einer wärmenden Tasse Tee in nasse kalte Tücher und dann in wärmende Decken eingeschlagen zu werden. Zwei bis drei Stunden verbringt man in dieser Lage. Der Körper soll so zum Schwitzen und Ausscheiden von Fremdstoffen und Giften angeregt werden.

Daneben gibt es eine spezielle Nahrung:

Verzicht auf eiweißreiche Lebensmittel, wenige kohlehydratreiche Lebensmittel und Ballaststoffe sind gestattet. Kombiniert wird das Ganze noch durch eine spezielle Modifikation bei der Flüssigkeitsaufnahme. Sogenannte Trockentage ohne jegliche Flüssigkeitsaufnahme, wechseln mit sogenannten kleinen und großen Trinktagen. Hier ist auch Alkohol in Form von bis zu 1l Wein am Tag erlaubt.

Damit der interessierte Leser erfassen kann, wie sich diese Schrothsche Reduktionskost darstellt, haben wir im Anhang dieses Buches einen entsprechenden Ernährungsplan eingefügt.

Einer ähnlichen Kur also unterzogen Klaus und ich uns nach den Weihnachtsfeiertagen über Neujahr hinaus. Morgens kalte Umschläge. Kein Frühstück! Mittags eine geringe Menge Nahrung. Abends als Hochgenuss eine getoastete Scheibe Vollkornbrot, garniert mit einem Farbtupfer Kresse. Am Trinktag dazu ein Schoppen Wein, very dry natürlich.

Zwischenzeitlich stand Wandern auf dem Programm. Ich, der Ungeübte und Klaus der trainierte Sportler und Läufer, wie ich nach und nach erfuhr. Hier auf diesen Wanderungen rings auf Oberstaufens Wegen lernte ich nun einige Facetten von Klaus näher kennen.

Klaus als Sportler und Läufer, der trotz des aus meiner Sicht lebensgefährlichen Nahrungsentzugs nach der morgendlichen Schwitzkur noch mal eben zwischendurch einen "kleinen" Marathon lief, bevor dann ein Spaziergang bis zur Einnahme des kärglichen Mittagessens anstand. Nach kurzer Mittagspause dann wiederum ein - aus seiner Sicht - längerer Spaziergang; aus meinem Blickwinkel eher ein Halbmarathon.

Hier, bei diesem anstrengenden Tun, erfuhr ich, dass Klaus offensichtlich auch ein sehr guter Lehrer sein musste. War er doch, wie ich erfuhr, schon lange Jahre neben seiner Arbeit in der Schule als sogenannter pädagogischer Fachleiter in der 2. Phase der Lehrerausbildung tätig. Hier vermittelte er angehenden Lehrern die

Grundkenntnisse der Methodik und Didaktik des Religionsunterrichts, um sie fit zu machen für ihren späteren selbständigen Unterrichtseinsatz.

Auch stellte sich heraus, dass er nicht nur persönlich sportlich ambitioniert war. Nein, er war sogar diplomierter Läufer und Lauftherapeut. Das erklärte mir natürlich, woher diese Kraft und Ausdauer kam, mit der er die Bergwelt rings um Oberstaufen vormittags und nachmittags eroberte. Und mich dabei mitzog. Unwillkürlich musste ich dabei häufig an unseren gemeinsamen Kollegen Karl-Heinz denken, der über die Schulleitung regelmäßig zu sagen pflegte: „Die hetzen uns zu Tode."

Auch ergab sich im Laufe der Zeit, dass Klaus noch Zeit fand, sich ehrenamtlich zu engagieren. So erfuhr ich, dass er zusammen mit seiner Frau Christel erhebliche Zeit und Kraft in die Betreuung psychisch kranker Menschen investierte.

Die wichtigste „Nebentätigkeit" war jedoch sein kirchliches Engagement. War und ist er doch bis zum heutigen Tage als sogenannter „ständiger Diakon" in seiner Pfarrgemeinde aktiv. Das bedeutet, dass er den Pfarrer der Gemeinde nicht nur entlastet, sondern dass er auch eigenständige Aufgaben zu erfüllen hat, die eindeutig dem Diakonat zugeordnet sind.

So hat er Ehen zu schließen, zu taufen, zu beerdigen, zu predigen … Diese kirchlichen Aufgaben und Verwaltungsakte durchzuführen, damit allein ist es jedoch nicht getan. Steht doch vor jeder Taufe, jeder kirchlichen Trauung, jeder Beerdigung auch ein persönliches Gespräch mit den betroffenen Personen beziehungsweise Angehörigen. Ein Gespräch, welches sich nicht nur über einen „small talk" erstreckt. Nein, solche Gespräche haben sicherlich auch häufig einen therapeutischen Charakter, erfordern Vorbereitung und Nachbereitung.

Aus diesem Amt ergab sich wohl auch, dass er schon viele Jahre
- bis zum heutigen Tage - dem Kolpingverein als geistlicher Begleiter
und Berater zur Seite steht.

Weiter ergab es sich auf unseren Wanderungen durch das
Oberstaufener Land und gelegentlich abends bei einer Weinschorle
in einem der gemütlichen Lokale, dass Klaus auch auf weiteren
Gebieten sehr gut ausgewiesen ist.

So stellte sich heraus, dass er sich auch auf dem Gebiet des Zen-
Buddhismus und entsprechender Meditationsverfahren nicht nur
gut auskennt. Nein, durch den Besuch vieler Kurse bei großen Zen-
Meistern hat er sich weiterentwickelt und sich somit auch hier eine
große Kompetenz angeeignet.

Auf all diesen so höchst unterschiedlichen Wissensgebieten war
er, wie mir schien, kompetent und er stand jeweils „voll im Stoff".

Soweit ich armer Laie das beurteilen konnte.

Und diese Vielseitigkeit, die er zeigte, brachte mich zum Grübeln.
Doch davon später mehr.

Nach der mehr oder weniger erfolgreichen Beendigung unserer
Schrothkur - immerhin sind dabei fünf Kilogramm
Gewichtsabnahme in der Woche gut möglich - sahen Klaus und ich
uns häufiger.

Auch in beruflicher Hinsicht hatten wir nun fast täglich
miteinander zu tun. War er doch befördert worden und als
frischgebackener Studiendirektor nun als sogenannter
Standortbeauftragter als Vertreter des Schulleiters an „meinem"
Schulstandort eingesetzt.

Hier war er nun zuständig für das Erstellen der Stundenpläne.
Dazu kam natürlich die Verantwortung für all die Dinge, die einen
geordneten Schulbetrieb erst möglich machen.

Die Erfüllung dieser Aufgaben war sicherlich nicht immer einfach zu bewerkstelligen. Gab es doch ein äußerst kritisches Kollegium, welches in Teilen sehr stark auf die Beachtung ihrer sehr individuellen Rechte bedacht war. So möchte ich die Situation einmal euphemistisch umschreiben.

Es konnte etwa geschehen, dass KollegInnen sich über ihren individuellen Stundenplan lautstark beschwerten, etwa mit der Aussage: „Freitags ab 11.00 Uhr kann ich nicht mehr unterrichten, da muss ich zum Wochenmarkt!". All diese „Petitessen" löste er souverän und kompetent, ohne bei diesen Unannehmlichkeiten seinen Humor zu verlieren.

So musste ich auch in solch prekären Situationen feststellen: Er beherrschte sie.

Mein Fazit war: Er verfügt nicht nur über breit angelegte Interessensgebiete, in denen er jeweils mit fundiertem Wissen glänzt, welches er auch bei Bedarf anwenden kann. Ja, Vielseitigkeit war das Stichwort, welches mich schon damals in Oberstaufen zum Grübeln brachte. So stellte sich für mich die Frage: Ist Klaus nun begabt, ja, war er als Kind etwa schon hochbegabt?

Als ein Mensch, welcher relativ viel Zeit bei Elternsprechtagen und in Kindergärten verbracht hat bei der Betreuung angehender Erzieherinnen, habe ich erfahren, dass Hochbegabung für viele Eltern ein ganz wichtiges Thema ist, ja, dass es viel mehr hochbegabte Kinder geben muss, als die Allgemeinheit es ahnt.

Machen wir daher einen kleinen Exkurs zum Thema Begabung und Intelligenz, um die Ergebnisse dann bezogen auf Klaus zu überprüfen.

Begabung und Intelligenz – Ein Exkurs

Einen allgemein akzeptierten Begabungsbegriff gibt es in den Erziehungswissenschaften wohl nicht. In früheren Diskussionen stellte man sehr stark die (biologisch) erworbenen Anlagen heraus, wenn man einen Menschen für „begabt" hielt. So sprachen etwa Charlotte Schenk-Danzinger, die bekannte österreichische Entwicklungspsychologin, welche Generationen von angehenden Erzieherinnen und Erziehern durch ihre Schriften mitgeprägt hat, und auch Hans Thomae aus Bonn von durch Anlage vorgegebenen Leistungsvoraussetzungen. Falls diese bei einem Menschen fehlten, könne man dieses Defizit auch nicht durch Lernen kompensieren.

Im Gegensatz dazu sagten uns etwa seit den fünfziger Jahren die Lerntheoretiker (z.B. Watson), dass Begabung von Umwelteinflüssen abhängig sei. Die Disposition, Leistungsbereitschaft zu erlernen, sei also von Umweltfaktoren und damit vom jeweiligen Milieu, abhängig.

Da der wissenschaftliche Diskurs zwischen den beiden Lagern, einerseits den Anhängern deterministischer Vorstellungen, andererseits den Anhängern des behavioristischen Ansatzes letztlich nicht zielführend war, entwickelte sich die Diskussion im Rahmen dieser Anlage-Umwelt- Problematik schließlich hin zu einer dynamischen Auffassung von Begabung.

Wenn Begabung ein Begriff ist, der dem der Intelligenz übergeordnet ist, könnte man Unterscheidungen treffen: Etwa könnten wir durchschnittliche Begabung, Hochbegabung oder Minderbegabung unterscheiden. Damit sprechen wir dann den intellektuellen Bereich an. Begabung kann aber natürlich auch in kreativen Bereichen vorhanden sein, etwa in der Malerei und der Musik.

Was aber ist nun mit der Intelligenz? Der Begriff wird wohl eher uneinheitlich verstanden. Er ist ein hypothetisches Konstrukt. Trotzdem gibt es Aussagen zur Intelligenz, auf die sich die meisten Menschen einigen könnten. Etwa: Intelligenz hat etwas mit dem Lösen von Problemen zu tun. Oder: Intelligenz ist mehr als Wissen; Intelligenz ermöglicht uns eine angemessene erfolgreiche Auseinandersetzung mit der Umwelt.

Um Menschen miteinander vergleichen zu können, setzte man Intelligenztests ein. Je nach Testverfahren legte man verschiedene Kriterien fest, nach denen man vergleichbare Ergebnisse erzielen konnte.

Solche Kriterien waren etwa das Sprachverständnis, logisches Denkvermögen, Kreativität, Einfallsreichtum, mathematisch-räumliches Denken, Geschwindigkeit bei der Verarbeitung von Aufgaben.

Je nach Intention eines solchen Tests können weitere Kriterien hinzukommen.

Begabung und Intelligenz = Klaus Richter?

Wir wollen hier die Testproblematik nicht weiter vertiefen, ist es doch unsere Aufgabe, Klaus Richter entsprechend zu würdigen. Nachdem ich Klaus nun insgesamt weit über dreißig Jahre kenne, glaube ich behaupten zu können, dass er in (fast!) allen Gebieten hervorragend ausgewiesen ist.

Als Autor und Mitautor verschiedener Bücher hat er im Bereich der Sprachkompetenz seine Fähigkeiten unter Beweis gestellt.

Sicherlich ist er auch im Bereich der logischen Erfassung von Problemen und bei der Lösung von mathematischen Aufgaben gut aufgestellt.

Wie sonst sollte er als gelernter Ökonom seinen Beruf so gut ausgefüllt haben? Wie sonst hätte er in relativ hohem Alter noch eine Dissertation im Fach Theologie schreiben können, um zum Doctor theologiae zu promovieren?

Ist er nun begabt oder gar hochbegabt?

Ich kann und will es letztlich nicht beurteilen. Allerdings, ein Aspekt bleibt noch: die sieben Gaben des Heiligen Geistes, von denen schon der alttestamentliche Seher Jesaja sprach. Auch im neuen Testament ist mehrfach bei verschiedenen Autoren die Rede davon. Allgemein nennt man als die sieben Gaben die Sapientia, die Weisheit, den Verstand (Intellectus), Rat (Consilium), Stärke (Fortitudo), Wissenschaft (Scientia), die Frömmigkeit (Pietas) und die Furcht (Timor).

Beim Nachsinnen über Klaus Richter kommt man zum Ergebnis, dass er über diese Eigenschaften - Tugenden? - sehr wohl verfügt.

Hans und Klaus – Annäherung und Ergänzung

Nun beschäftigt mich immer wieder eine Frage:

Warum verbringen Klaus und ich, so unterschiedlich wir sind, soviel Zeit miteinander?

Klaus, ein Mensch wie beschrieben: belesen, eloquent, strukturiert, eben begabt und geprägt vom „Behagen an der Ordnung", wie der große Golo Mann es einmal formulierte.

Ich hingegen wohl immer noch auf der Suche nach diesen Dingen, aber mehr geprägt von der Chaostheorie, welche man häufig klischeehaft den Sozialpädagogen zuschreibt.

Ist es meine Hochachtung vor seinem profunden Wissen in Fragen der Medizin, der Ernährungslehre, oder in Fragen des Sports und hier natürlich besonders der Theorie des richtigen Laufens?

Sehe ich mich doch eher als Gegenentwurf, mehr geprägt von praktischer Intelligenz; mehr als Generalist auf etlichen Gebieten, aber eben in dem Sinne: von vielem etwas, aber nichts umfassend.

Sitzt er gern wie der altgriechische Philemon zusammen mit seiner Baucis relaxend unter dem Maulbeerbaum, wie ich gern dort sitze und auf den Abend warte?

Nein, sportliches Tun ist sein Thema. Wöchentliches Schwimmen, tägliches Laufen, Wandern sind sein Programm.

Oder sind es die ehrenamtlichen Funktionen, die uns verbinden?

Nein, es ist viel einfacher.

Seit vielen Jahren – es sind nun wohl bald fünfzehn – frühstücken Klaus und ich jeweils mittwochs gemeinsam. Immer mittwochs, pünktlich um 9.00 Uhr treffen wir uns zum gemeinsamen Frühstück.

Anschließend machen wir uns auf den Weg, die reale Welt zu erkunden. Handyläden, Baumärkte, Rasierershops, Autohändler und Computergeschäfte sind unser Ziel.

Staunend stehen wir vor den Auslagen. Staunend lassen wir uns die vielen technischen Finessen erklären. Er hat in diesen Jahren viel dazu gelernt. Er ahnt nun, wie und warum die Stichsäge sticht. Er versteht nun ansatzweise die Bohrmaschine, das unbekannte Wesen. Aber ob er nun einen tropfenden Wasserhahn reparieren kann, oder ob er ein Ikea-Regal zusammenbauen kann, weiß ich bis heute nicht.

Ich habe zwar gewisse Ahnungen, die ich aber hier nicht darlegen möchte. Obwohl bei mir gelegentlich Zweifel aufkommen: Weiß er es wirklich nicht, oder mauert er, aus welchen Gründen auch immer? Mauern? Zutrauen würde ich es ihm schon.

Auf jeden Fall: er als begabter Mensch, ich mehr praktisch ausgerichtet, ergänzen uns hier. Da bilden wir eine Notgemeinschaft. Ja, das schweißt zusammen. Das bereitet Freude.

So hoffe ich, dass wir noch viele Jahre gemeinsam frühstücken, dass wir bei unseren Ausflügen in die reale Welt noch manchen Erkenntnisgewinn zu verzeichnen haben, dass wir auch weiterhin manch ungläubiges Staunen erleben können über die Welt, so wie sie ist.

Lieber Klaus, Du begehst in diesem Jahr Deinen achtzigsten Geburtstag.

Ich wünsche Dir, dass Du weiterhin mit Gottes Hilfe Deine geistige Frische bewahren kannst.

Ich wünsche Dir, dass Du weiterhin in relativ guter Gesundheit die vor Dir liegenden Jahre genießen kannst.

Ich wünsche Dir für die vor Dir liegenden Jahre ein Leben im „otium cum dignitate", in dem Sinne wie schon Cicero es beschrieb.

Klaus Richter – der Theologe

Klaus Richter vor 40 Jahren einer der ersten Diakone

von Heinz-Jürgen Czerwinski (Westfalenpost Menden, 14.10.2011)

Er ist über Generationsgrenzen hinweg das größte Bindeglied der St.-Josef-Gemeinde Lendringsen. Klaus Richter (75) gehörte vor 40 Jahren zu den ersten 15 Männern überhaupt, die im Erzbistum Paderborn Diakon werden durften. Am Sonntag – dem Weihetag vor genau vier Jahrzehnten – wird gefeiert.

Es war keinesfalls Misstrauen, sondern reine Fürsorge. Daran erinnern sich Klaus Richter und Gattin Christel in diesen Tagen. Einst hatte Lorenz Kardinal Jäger ausdrücklich Christel Richter gefragt, ob sie mit der Entscheidung ihres Mannes einverstanden sei. Die Diplom-Theologin war es.

„Die Familie muss voll und ganz hinter einem stehen. Sonst geht das nicht gut", hatten Klaus und Christel Richter gründlich abgewogen. Denn Ständige Diakone in der katholischen Kirche haben im Grunde zwei Berufe. Den weltlichen, mit dem sie die Familie ernähren, und den kirchlichen. Klaus Richter: „Da gab es schnell schon mal zusammen 60 bis 80 Stunden Arbeit in der Woche."

Es war Ende der 1960er Pfarrer Johannes Kemper, der Klaus Richters Leben so nachhaltig ändern sollte. Der damalige Seelsorger hatte den engagierten Christen gefragt, ob er sich vorstellen könne, der Kirche als Diakon zu dienen. Klaus Richter folgte dem Ruf. Nach intensiver Ausbildung - samt theologischem Fernstudium – folgte am 16. Oktober 1971 die Weihe durch Kardinal Jäger im Hohen Dom zu Paderborn.

Klaus Richter setzte fortan in verschiedenen Bereichen nachhaltig Akzente: „Die Taufpastoral war einer meiner Schwerpunkte." Hunderte Kinder hat er als Diakon getauft. Zudem wurde er fünf Jahre nach der Weihe Präses der Kolpingfamilie St. Josef und ist es heute noch.

Es gab zusätzlich eine Fülle weiterer Aufgaben für den einstigen Studiendirektor am Berufskolleg Altena mit den Fächern Wirtschaftswissenschaften und Religion. So wirkte Klaus Richter als Diözesansprecher der Ständigen Diakone und als Dekanatskatechet. „Ich habe versucht, die Balance zu finden", sollte die Familie – zwei Kinder – nicht zu kurz kommen.

Ab und an blieb dem Jubilar sogar Zeit für die von ihm so geliebte Musik: „Ich mag die Orgelwerke von Bach, schätze Mahler und Mozart überaus", werden ab und an musikalische Schätze auch noch auf den Plattenspieler gelegt. „So langsam denke ich aber daran, alles zu digitalisieren."

Es ist Zeichen höchster Wertschätzung, dass am Sonntag Pfarrer i. R. Rupert Bechheim Hauptzelebrant beim Festhochamt sein wird; Bechheim war nach 30-jähriger Tätigkeit in Lendringsen erst am 11. September verabschiedet worden. Konzelebranten sind Pfarrer Bernhard Bernhard Brackhane, Leiter des Pastoralen Raumes Menden-Lendringsen, und Pastor Uwe Knäpper.

Und es gibt noch eine Besonderheit: Klaus Richters Sohn Raphael wird am Sonntag die Orgel in der St.-Josef-Kirche spielen.

Offiziell werden Diakone mit dem Erreichen des 75. Lebensjahres entpflichtet. Wenn sie jedoch möchten, dürfen sie aber auch weiterhin wirken. Will Klaus Richter das? „Aus vollem Herzen. So lange ich gesund bleibe und die Kraft reicht." So wird er insbesondere in der jetzigen Übergangszeit vom Pastoralverbund Lendringsen zum noch sehr viel größeren Pastoralen Raum für viele ein unverzichtbares Bindeglied sein.

Schriften und Veröffentlichungen von Klaus Richter im Bereich der Theologie

Einführung

Die von Klaus Richter verfassten Schriften im Bereich der Theologie - insbesondere seine Predigten und die in den letzten Jahrzehnten veröffentlichten Werke in der Rubrik "Wort zum Sonntag" - sind zahlreich, daher war es den Autoren zu mühsam, eine komplette Bibliografie dieser Werke an dieser Stelle zu präsentieren.

Wort zum Sonntag vom 05.09.1987

Geöffnete oder verschlossene Türen bestimmen entscheidend unser Lebensschicksal. Ganz unterschiedlich sind die Schlüssel, die wir benutzen, um Türen zu öffnen. Wer über Geld und Ansehen oder zumindest über gute Beziehungen verfügt, findet manche Tür geöffnet, die anderen unzugänglich bleibt.

Gewalttätige erzwingen den Zugang, die Schlaumeier schlüpfen durch die Hintertür hinein, und die Schmeichler versuchen, den Türschließer mit Geschenken und schönen Worten gefügig zu machen. Bei jungen Menschen, die gerade ihren Schulabschluss geschafft haben, spricht man davon, dass ihnen die Tür zum Leben offensteht, aber viele machen heute bald die Erfahrung, dass bestandene Examina keineswegs mehr die Schlüssel sind, die Türen zur Zukunft aufschließen. Benachteiligte in unserer Gesellschaft - Arbeitslose, Behinderte, Süchtige - klopfen an manche Tür vergeblich.

Von Jesus wird im Neuen Testament berichtet, dass er den Zugang zum Reich Gottes mit einer "engen Tür" vergleicht. Viele, die versuchen, hineinzukommen, werden die Tür verschlossen finden. Mit menschlicher Klugheit und guten Beziehungen ist nichts auszurichten. Stand und Ansehen zählen nicht. Auch jene, die mit Jesus gegessen, getrunken und auf seine Lehre gehört haben, sind ausgeschlossen, wenn sich ihre Verbindung auf Äußerlichkeiten beschränkt.

Jesus ist nicht der gute Bekannte, der sich mit flüchtigen Kontakten begnügt. Er enttäuschte die Juden, die von ihrer Zugehörigkeit zum "auserwählten Volk" allein schon das Heil erwarteten. Er enttäuscht auch die Christen, die nach Taufe, Erstbeichte, Erstkommunion, Firmung oder Konfirmation und kirchlicher Trauung glauben, damit sei schon ihre Beziehung zu Gott geordnet. "Ich sage euch, ich weiß nicht, woher ihr seid" (Lukas, 13,27). Dieses harte Wort gilt auch jenen, die routiniert religiöse Riten mitvollziehen, ohne innerlich beteiligt zu sein.

Der Weg zum Leben führt durch eine "enge Tür". Er ist beschwerlich und anstrengend und fordert den Einsatz aller Kräfte. Das Bild von der "engen Tür" verbindet sich für mich mit den menschlichen Grunderfahrungen von Geburt und Tod. Das Kind, das aus dem Mutterleib zum selbständigen Leben drängt, muss die enge Pforte unter Mühen und Schmerzen überwinden. Der Tod ist die Tür zu einer neuen Form des Lebens. Menschen, die klinisch bereits tot waren und durch Reanimation ins Leben zurückgeholt wurden, berichten, dass sie sich an der Grenze zwischen Leben und Tod wie in einem engen Tunnel gefühlt hätten, an dessen Ende das Licht aufleuchtete. In der Nähe von Assisi, auf dem Berg Subasio, befinden sich kleine Felshöhlen, in die sich der Heilige Franziskus mit seinen Gefährten zum Gebet zurückzog. Die Zugänge zu diesen Höhlen sind schmal und niedrig. Wer hinein will, muss sich tief bücken. Vielleicht ist es diese Haltung, die wir brauchen, um in das Reich Gottes zu kommen, die Lebenshaltung Jesu, der sich klein machte und zum Diener aller wurde.

Dissertation aus dem Jahre 2014

Besonders hervorzuheben ist aber sicherlich die von ihm verfasste Dissertation, die im Jahr 2014 fertiggestellt und veröffentlicht wurde. Mit dieser Dissertation wurde Klaus Richter der Titel "Doctor of Theology (Unisa)" verliehen. Eine kurze Zusammenfassung dieser herausragenden Arbeit über die Predigten in der Epoche Joachim Sailers sei an dieser Stelle erlaubt.

Mit dem Hörer ins Gespräch kommen: Situationsbezug der Predigt in der Epoche Johann Michael Sailers im Vergleich zur Gegenwart

Klaus Richter, Dissertation, University of South Africa (Unisa), Pretoria

Die kirchliche Verkündigung steht heute vor mannigfachen Herausforderungen. Das dynamische Beziehungsgeflecht von Prediger und Hörer, Text und Situation lässt sich nur schwer im Gleichgewicht halten.

Prüft man die homiletischen Publikationen der Gegenwart und der jüngeren Vergangenheit, so wird deutlich, dass die Predigt sehr gründlich im Kontext der Hörersituation reflektiert wird. In diesem Zusammenhang ist auf einen möglichen Konflikt aufmerksam zu machen: die auf die Hörersituation bedachte Predigt kann versucht sein, den Anspruch des biblischen Textes zu vernachlässigen.

Die Dissertation will zur Frage der Hörerorientierung der Predigt einen klärenden Beitrag leisten, und zwar mithilfe eines homiletischen Vergleichs, der Epoche Johann Michaels Sailers mit der Gegenwart und jüngeren Vergangenheit. Bei aller kritischen Distanz zur geistesgeschichtlichen Bewegung der Aufklärung dürfen wir nicht übersehen, dass fruchtbare Impulse von ihr ausgegangen sind und zum Beispiel viele Anliegen der

„katholischen Aufklärung" im Zweiten Vatikanischen Konzil (1962-1965) wieder aufgegriffen wurden.

Die weithin von anthropologischen Interessen geleiteten homiletischen Bemühungen während der Aufklärungsphase im 18. Jahrhundert stehen in einer erkennbaren Analogie zur gegenwärtigen Situation.

In besonderer Weise wird die homiletische Konzeption des Pastoraltheologen und späteren Bischofs von Regensburg Johann Michael Sailer (1751-1832) dargestellt.

Sein Entwurf einer christlichen Lebenslehre auf biblischem Fundament ist von bleibender Aktualität.

Zum Vergleich, insbesondere im Blick auf die Hörererwartungen Situationsklärung, Solidarität und Zukunft, werden exemplarisch die homiletischen Entwürfe von Ernst Lange, Rudolf Bohren, Wilfried Engemann und Rolf Zerfaß herangezogen.

Klaus Richter – der Lauftherapeut

Klaus Richter – ein läuferischer Tausendsassa Ein Überblick

von Wolfgang W. Schüler

Klaus ist seit 1978 Langstreckenläufer. Das Laufen hatte er für sich nach einer längeren Phase der Sportabstinenz entdeckt. Es faszinierte ihn so sehr, dass er regelmäßig in einem Verein, dem Marathon-Club Menden, zu trainieren begann. Wettkämpfe folgten, über Strecken von 10 bis 42 km. Letzte bestritt er auch im benachbarten Ausland, in Frankreich, Belgien und den Niederlanden. Dort lief er mit Sohn Raphael, den er später coachte und trainierte.

Ein neues Kapitel seines Läuferlebens öffnete sich, als Klaus entschied, die erstmalig angebotene Weiterbildung zum Lauftherapeuten am Deutschen Lauftherapiezentrum in Bad Lippspringe zu beginnen. Das war 1991. Bereits ab dem Folgejahr leitete er regelmäßig Lauftherapiekurse für Anfänger und Fortgeschrittene im Raum Menden. Vorerfahrungen hatte er mit Laufkursen für psychisch erkrankte Jugendliche und junge Erwachsene gesammelt. Nach weiteren Zusatzausbildungen zum Ernährungsberater und ärztlich geprüften Fastenleiter bot er auch Fastenkurse in Kombination mit Ernährungsberatung, Laufen und Wandern an. 1999 formierte sich aus seinen Laufanfängergruppen der „Lauftreff 99 – Flotter Klaus" – ein Name, der auf die Kursanten zurückgeht. Die Treffen fanden ganzjährig zweimal pro Woche im Freizeitzentrum Menden-Lendringsen statt. 2009 wurde das 10jährige Bestehen gefeiert.

Die Weiterbildung zum Lauftherapeuten schloss Klaus 1993 ab. In einer richtungsweisenden Hausarbeit hatte er seine

Spezialgebiete, die Meditation und das Laufen, miteinander verknüpft. Über allgemeine Entspannungtechniken hinaus interessierten ihn Formen der christlichen Kontemplation und der buddhistischen Meditation, insbesondere japanisches ZEN und tibetische Meditationsformen. Als Langstreckenläufer kannte er zudem die wohltuenden Wirkungen ausdauernden Laufens auf Körper und Seele. In besagter Hausarbeit („Meditation und Laufen"), die 1995 in Buchform erschien, arbeitete er die verbindenden Elemente beider Ansätze heraus und belegte sie anhand von Fallbeispielen. Die Arbeit avancierte zu einem Grundlagenwerk dieses Themenbereichs.

Am Deutschen Lauftherapiezentrum selbst übernahm Klaus ab 1993 nach und nach vielerlei Aufgaben. Hierüber berichtet im Anschluss Prof. Dr. Alexander Weber, der Gründer und Leiter des Zentrums. An dieser Stelle nur so viel: Klaus ist Dozent mit weitreichendem Stundendeputat, lehrt und prüft. Als langjähriges Mitglied der Aus- und Weiterbildungskommission war er mit Fragen der Weiterentwicklung der Lehrinhalte und neuer Ausbildungsgänge betraut. Als Autor versorgt er insbesondere die DLZ-Rundschau regelmäßig mit Beiträgen und ist an diversen Buchprojekten beteiligt. Im Ohr bleiben u. a. seine Reden zum Abschluss der Ausbildungskurse, die er gerne so einleitet: „Dies ist meine letzte Chance, Ihnen zu erklären, worum es in der Lauftherapie geht."

Auch im 80. Lebensjahr sieht man Klaus noch die Mendener Berge hoch- und herunterlaufen – doch nicht nur das: Sein Bewegungskonzept ist erweitert um Wandern, Schwimmen, Ergometertraining, Krafttraining und Saunagänge, wissend: Laufen ist gut, mit ergänzender Bewegung noch besser.

Vom Lehrling zum Meister – Die DLZ-Karriere des Klaus Richter

von Alexander Weber

Einleitung

Lieber Klaus, Zufall oder Gedankenübertragung? Gerade geht mir vorauseilend durch den Kopf, mit welchen Themen und Inhalten – außer der Laudatio zu deinem 80sten – die nächste Ausgabe unserer DLZ-Rundschau bestückt werden könnte. Da klingelt das Telefon. Am anderen Ende meldet sich Wolfgang Schüler. Ob ich mir vorstellen könnte, für einen geplanten Sammelband zu deinem Geburtstag ein paar Seiten zu schreiben. Das Buch solle eine

Überraschungsgabe werden, dem Jubilar würde vorher nichts mitgeteilt. Ich könne frei schreiben, auch Persönliches. – Lange überlegen musste ich nicht, ich sagte spontan zu.

Doch womit beginnen? In den 25 Jahren seit unseren ersten persönlichen Begegnungen habe ich dich in vielen verschiedenen Situationen und Rollen erlebt: Zunächst als meinen Schüler in der Aus- und Weiterbildung zum Lauftherapeuten, dann als Dozenten und Kollegen im Deutschen Lauftherapiezentrum (DLZ), als Mitstreiter in verschiedenen DLZ-Gremien, schließlich auch als Wegbegleiter und Freund. Damals, als wir uns vor gut einem Vierteljahrhundert kennenlernten, befanden wir uns beide noch am äußeren Randbereich der sogenannten Lebensmitte oder auch schon an der Schwelle zu den „jungen Alten". Beide hatten wir - mehr unterbewusst – verinnerlicht, dass es beim Altern nicht darum geht, alt zu werden, sondern darum, weiterhin lebendig und wach zu bleiben, sich zu kümmern, sich für Gesellschaftliches und das Allgemeinwohl zu engagieren. Das regelmäßige Laufen damals, wie auch heute noch, war motivierendes Agens. Es steht für größere Ausdauer und längeren Atem.

Teilnehmer am ersten Aus- und Weiterbildungskurs zum Lauftherapeuten

Der Reihe nach. Als eine Person, die fast am Ende ihrer erfolgreichen beruflichen Karriere steht, entscheidest du dich 1991 zur Teilnahme am ersten DLZ-Aus- und Weiterbildungskurs. Das Deutsche Lauftherapiezentrum, 1988 gegründet, wagte seinerzeit etwas ganz Neues, bis dato Einzigartiges im deutschsprachigem Raum: eine Ausbildung zum Lauftherapeuten. Du warst einer von den 17 mutigen Kursanten, die diesen Schritt in ein unbekanntes Gebiet, etikettiert mit >Lauftherapie<, wagten. Wir alle – meine Mitarbeiter aus dem Uni-Bereich und ich selber, die wir das Curriculum und den Organisationsplan für die anfänglich zweijährige Aus- und Weiterbildung konzipiert hatten, die mit der Lehre beauftragten Dozenten - und nicht zuletzt auch die Kursteilnehmer und -teilnehmerinnen - waren uns alles andere als sicher in der Beurteilung des Experiments. Wird es gelingen? Als wie tragfähig würde sich das Konzept erweisen? Wird es als Grundlage für erfolgreiches lauftherapeutisches Handeln bestehen können? Diese Phase der Unsicherheit, des Auskundschaftens und Experimentierens hast du, lieber Klaus, sicherlich auch mitbekommen und wird dir noch in guter Erinnerung sein. Ich kann an dieser Stelle sagen: Ich bin heute noch dankbar dafür, dass ich dich in der Reihe des ersten Aus- und Weiterbildungskurs hatte. Du warst für mich in den Seminaren der Schüler mit der klarsten Ansage. Was du in Beiträgen, Diskussionen und gelegentlich auch heftigen Debatten geliefert oder einfach nur signalisiert hast, war stets gut bedacht, wohl formuliert, unaufgeregt, der Sache dienlich, den Prozess fördernd. Eine Unterstützung und moderierende Hilfe, die ich in der Anfangszeit der Aus- und Weiterbildung besonders zu schätzen wusste. Ich spürte auch, da ist eine Person, die sehr daran interessiert ist, an einem völlig neuen Curriculum konstruktiv mitzuarbeiten. Gut zehn Jahre später wurden aus dem Interesse konkrete Entwürfe und Vorlagen.

Projektarbeit als Buchpublikation „Meditation und Laufen"

Am 17. April 1993 endete der erste Aus- und Weiterbildungskurs für Lauftherapeuten mit den mündlichen Abschlussprüfungen und der feierlichen Zeugnis- und Zertifikatsübergabe. Es war, vermute ich, eine sehr bewusste Wahl, dass eines deiner drei mündlichen Prüfungsfächer, neben Ernährung und Autogenes Training, auf Psychologie mit dem speziellen Thema „Stress" fiel. Stress war schon damals, wie ich mich erinnere, ein von dir häufig benutztes Wort. Vielleicht auch gerade deshalb, weil du Stressoren sensibel wahrnimmst und entsprechend darauf sensibler reagierst als manch anderer. Dein glänzender Prüfungs-Abschluss erfuhr seine Krönung in der schriftlichen Projektarbeit „Meditation und Laufen. Dargestellt an Fallbeispielen aus einer Lauftherapiegruppe". Nicht zuletzt auch aus dem Grunde, weil diese Arbeit als Buchveröffentlichung „Meditation und Laufen" 1995 im Gesundheits-Dialog Verlag erschien. Im Vorwort dieses Buches schrieb ich u. a. diese Sätze: „Klaus Richter zeigt in dem vorliegenden Band 2 der Praxisreihe Lauftherapie, dass in der Kombination von langsamem Laufen und meditativen Übungen sich therapeutische Kräfte wirksam ergänzen und verstärken ... . Als ich den Text von Klaus Richter zum ersten Mal las, fühlte ich mich stark an die Anfänge meines Laufens vor vielen Jahren erinnert. Oft gestaltete ich auf einem idyllisch gelegenen Rasenplatz in einem ehemaligen Steinbruch mein Laufen so: Nach ein paar Runden des Warmlaufens setzte ich mich – die Ellbogen auf die Knie gestützt, den Oberkörper nach vorn geneigt und den Kopf hängend, die Augen geschlossen – auf einen Felsen und atmete in tiefen Zügen ruhig ein und aus ... . 5 bis 10 Minuten verharrte ich in dieser Position ... . Ich fühlte mich danach entspannt, körperlich und geistig fit ... . Schon wenige Minuten des Meditierens auf den Atem reichten aus, um die sedierenden Effekte des ausdauernden Laufens zu verstärken".

Lieber Klaus, Du hast mich mit deinem Buch bestätigt. Ich gewann die volle Gewissheit, dass sich Laufen und Meditation harmonisch wechselseitig ergänzen und sich unter bestimmten Bedingungen die Wirkung gerade auf das seelische Wohlbefinden sogar noch steigert.

Rollentausch

Der Rollentausch im Bereich Lauftherapie vom Schüler- in den Dozentenstatus verlief in Windeseile. Bereits wenige Tage nach Beendigung deiner Ausbildung zum Lauftherapeuten erhieltest Du die Anfrage zur Übernahme einer Unterrichtstätigkeit. Du hast schriftlich darauf geantwortet und im Auftrage des DLZ im neuen Kurs 2 bereits am 23.4.1993 das erste Mal unterrichtet.

Von da an bis zum heutigen Tage – in wenigen Monaten sind das 25 Jahre, die du ununterbrochen als Dozent für das DLZ tätig warst. Damit bist du, nach Unterrichtsjahren gezählt, der zweitälteste Dozent im Deutschen Lauftherapiezentrum. Das ist nicht nur ein Hinweis für Beständigkeit, Solidarität und Treue zum DLZ, das ist gleichzeitig auch ein starkes Zeichen für hohe Qualität der Lehre. Derartiges trifft sich gern, wenn die Lehre in Form von Unterrichtsdidaktik und Unterrichtskunst eine innige Verbindung eingeht. Dies ist in deiner Person gegeben. Es blieb ja nicht bei dem einen frühen Seminarthema „Laufen und Meditation". In den folgenden Jahren kam eine Reihe anderer Themen hinzu, wie Ernährung, Lauftherapie nach dem Paderborner Modell, Methodik der Praktischen Lauftherapie, Entspannungstechniken, Gesundheitspädagogik, u. a.

Der Redekünstler

Und von Beginn des zweiten Aus- und Weiterbildungskurses an hast Du an den jährlich zweitägigen mündlichen Abschlussprüfungen als Prüfer im DLZ mitgewirkt. Nicht nur das. Regelmäßig wurdest Du auch berufen, bei derartigen Gelegenheiten, insbesondere auch bei den jeweils im April eines jeden Jahres feierlich neu zu eröffnenden Aus- und Weiterbildungskursen, Begrüßungsreden und/oder Festvorträge zu halten. Aufgaben wie diese, lieber Klaus, sind dir auf den Leib geschrieben, wie für dich geschaffen. Schon, wie ein Klaus Richter ans Rednerpult schreitet und dort seine Position einnimmt, lässt aufmerken. Er ist stets Herr der Situation, ohne Hektik, verbreitet Ruhe, gewinnt sofort die ungeteilte Aufmerksamkeit der Zuhörer.

Eine Begründung dafür liegt in seiner ihm eigenen, unverwechselbaren Körpersprache. Beispielhaft dafür: die nonverbalen Signale seiner Stimme, die das, was er sagt, simultan in einzigartiger Weise kommentieren.

Der sonore, unangestrengte Bass füllt jeden Raum, passt sich variabel an für unterschiedliche Reden bei verschiedenen Anlässen.

Ich erinnere mich gern an Reden nach diversen Abschlussläufen angehender Lauftherapeuten. An bestimmten Stellen seines weitgehend humoristisch geprägten Vortrags fügt sich wie selbstverständlich, zeitlich gedehnt und in tiefer Tonlage, dieses unvermeidlich westfälisch–sauerländische „Woll" ein. Bestätigung für das Gesagte oder nur regionales Dialekt-Partikel? Vermutlich beides, authentisch und passend zumal. Die nonverbale Kommunikation in der Person Klaus Richter – das gäbe ein Kapitel für sich, vielleicht einmal andernorts.

Viele Karrieren, kurze Wege

Das Universum des Jubilars ist weit gefächert. Sein Leben ist charakterisiert durch eine Reihe bemerkenswerter Karrieren. Als Schüler geht er, wie viele andere seiner Generation, nicht den direkten, kürzeren Weg zum Abitur und Studium. Nach der Realschule absolviert er eine Lehre als Industriekaufmann, arbeitet in diesem Beruf, besucht gleichzeitig ein Abendgymnasium, schließt mit dem Abitur ab. In der freien Wirtschaft Aufstieg zum Prokuristen. In diese Zeit fällt auch die katholische Weihe zum Diakon. Dann, inzwischen bist Du Mitte dreißig, beginnst du ein Universitätsstudium in den Fächern Wirtschaft, katholische Religion und Pädagogik mit dem Ziel der Befähigung zum Lehramt an Berufsbildenden Schulen. Vom Kaufmann zum Lehrer. Inzwischen bist du 40, und die Stufenleiter bis hinauf zum Studiendirektor gehst du in Windeseile. Was kommt als Nächstes?

Läufer mit Wettkampferfahrung bist du bereits, auch Mitglied eines Marathonclubs. Die, teils dramatischen, Veränderungen an Leib und Seele hast du an dir selbst beobachtet, erlebst sie weiterhin. So entwickeln sich Wunsch und Absicht, anderen Low-fit-Menschen, die sich häufig schlapp, müde, gestresst und ausgelaugt fühlen, das langsame, gesundheitsorientierte Laufen zu vermitteln. Du nimmst Notiz vom 1988 gegründeten Deutschen Lauftherapiezentrum (DLZ) in Bad Lippspringe und von der Möglichkeit der Aus- und Weiterbildung zum Lauftherapeuten. Am 16. März 1991 unterschreibst du den Vertrag mit dem DLZ, bist damit einer von den anfänglich 19 Kursanten, die den ersten Aus- und Weiterbildungskurs für angehende Lauftherapeuten in Deutschland und Europa belegen. Dass du zwischenzeitlich auch lizensiert wurdest als Ernährungsberater, Fastenleiter und Kursleiter im Bereich Meditation und Entspannung sei hier, nicht nur als Randbemerkung, mit erwähnt. Gleiches gilt für den in späten Jahren erworbenen Doktorgrad – da warst du in der Mitte der Siebziger – der Unisa im Fach Theology. Der Respekt vor dieser Leistung versteht sich allemal.

All diese Karrieren werden hier nicht näher beschrieben, eine davon ausgenommen: die im Bereich des DLZ mitsamt den Ämtern, die du bis dato innehattest, respektive in denen du zumindest teilweise bis heute aktiv bist.

Ämter, Aufgaben und Zuständigkeiten im DLZ

Nach nur wenigen Wochen als Kursant des ersten Lauftherapeuten Aus- und Weiterbildungskurses wurdest du Mitglied im Deutschen Lauftherapiezentrum e. V., exakt am 6. Mai 1991 mit der Mitgliedsnummer 218. Und wie sich bald zeigte, als eine von jenen Mitgliedspersonen, die gewillt und befähigt waren, aktiv an der Entwicklung und Gestaltung des noch so jungen DLZ mitzuwirken. Anfänglich als neuer Dozent und Kollege des noch im

Aufbau befindlichen und frischen, etwa 20-köpfigen DLZ-Dozententeams, geraume Zeit später als Mitglied im DLZ-Vorstand sowie über viele Jahre in der Aus- und Weiterbildungskommission. Dazu im Folgenden ein wenig mehr.

Dein Mitwirken im DLZ-Vorstand fiel in die Zeit von 1996 bis 2002. Zweimal hast du der Wiederwahl zugestimmt. Die Sitzungen des fünfköpfigen Vorstandsgremiums fanden damals noch, wie seit der DLZ-Gründung 1988, in den Privatwohnungen der Vorstandsmitglieder statt. Sie gingen reihum, und sie dauerten meistens über vier Stunden. Zwischendurch, das war die Erholungsphase, servierte der Gastgeber ein Abendessen. Ich erinnere mich an eine Vorstandssitzung in eurem Haus Ende der 90er. Wir vier anderen Vorstandsmitglieder aus Paderborn und Bad Lippspringe fuhren im PKW die 75 km ins sauerländische Menden. Wir wurden nicht enttäuscht, ganz im Gegenteil: die Sitzung fand in einem angenehmen Klima statt, und es gab ein ausgezeichnetes Menü zur Stärkung von Leib und Seele. So machte ich zum ersten Mal Bekanntschaft mit deinem häuslichen Umfeld. Wir waren zu dieser Zeit bereits gut miteinander bekannt, doch noch keine Freunde im engeren Sinn. Das kam später. In den Vorstandssitzungen, pro Jahr etwa vier bis fünf, gab es zuweilen hitzige Diskussionen, wenn es um Sachentscheidungen mit einer gewissen Tragweite ging. Und wir waren nicht immer gleicher Meinung, was ja nicht gerade selten vorkommt in demokratisch gewählten Gremien. Um es mit Bruce Tuckman, in Fachkreisen berühmt geworden mit seinem Phasenmodell der Kleingruppenentwicklung, auszudrücken: Wir bewegten uns zeitweilig auch noch auf der Stufe des sogenannten Storming.

Gleichwohl, aufs Ganze gesehen kommen dir, lieber Klaus, aufgrund deiner Gradlinigkeit des Denkens, deiner natürlichen Autorität, deines Einsatzes für das DLZ-Konzept der Lauftherapie ganz allgemein, aber auch auf „kleineren Gebieten", wie beispielsweise dem akribischen Schreiben von Sitzungsprotokollen, hohe Verdienste in der Vorstandsarbeit zu. Dein Mitwirken hat das DLZ bereichert. In einem persönlichen Brief an mich schriebst du am 8. März 2002 u. a. diese Sätze: „Das DLZ befindet sich in einer Phase der Umstrukturierung und Neuorientierung. Das ist ein schwieriger Prozess, wie die Beratungen in den letzten Monaten gezeigt haben. Wir haben viele Konzepte im Vorstand erörtert, geprüft und auch wieder verworfen … . Ich habe die durch meine augenblickliche Erkrankung bedingte Auszeit genutzt, um meine Rolle im DLZ zu überdenken und mich entschlossen, nicht erneut für ein Vorstandsamt zu kandidieren … . Es ist sicher ratsam … im Pensionsalter ins zweite Glied zurückzutreten … . Ich kann mir vorstellen, dass ich meine sachlich–inhaltliche Arbeit im DLZ, so dies gewünscht ist, fortsetze. Gemeint ist die Erarbeitung eines marktreifen Konzepts für die Aus- und Weiterbildung von Laufpädagoginnen und Laufpädagogen und die praktische Umsetzung, die Mithilfe bei der Organisation von Laufveranstaltungen und die Arbeit als Dozent".

Deine Entscheidung zum Rücktritt vom Vorstandsamt konnte ich gut nachvollziehen und vorbehaltlos akzeptieren, denn ich sah auch bereits den Gewinn, der mit dieser Entscheidung einherging. Aus heutiger Perspektive liegt er darin, dass du fortan umso intensiver auf den Feldern tätig wurdest, die du im zitierten Brief angesprochen hast.

Das Mitwirken an den zentralen Projekten zur Aus- und Weiterbildung von Laufpädagogen, zum Laufgruppenleiter, zur Systemischen Lauftherapie u. a., in der Aus- und Weiterbildungskommission sowie in weiteren informellen Arbeitsgruppen (Richter, Schüler, Weber; Dozententreffen) wurde für dich zu einer Art Herzensangelegenheit. Über einen Zeitraum von 16 Jahren, von 1997 bis 2013, warst du gewähltes Mitglied der

Aus- und Weiterbildungskommission. Du hattest großen Anteil daran, dass die Projekte erfolgreich realisiert wurden.

Am Beispiel „Ausbildung zum Laufgruppenleiter" lässt sich das schön zeigen. An diesem Projekt warst du maßgeblich und federführend sowohl in der Vorbereitung als auch in der Durchführung beteiligt. Der Autor Klaus Richter stellt das neue Ausbildungs-Konzept in der DLZ-Rundschau, Heft 32, Dezember 2004, S. 23 – 24, der Öffentlichkeit vor. Darin schreibt er – ich zitiere auszugsweise: „Ein effizientes Ausdauertraining braucht ... neben der Freude an der Bewegung und Begeisterung für das Laufen noch anderes. Laufanfänger brauchen eine qualifizierte Gruppenleiterin oder einen qualifizierten Gruppenleiter, die die Motivation in der Gruppe fördern und die Laufpraxis in feiner Differenzierung (langsame Steigerung der Belastung) festigen. Als kompetente Bezugsperson sind sie in der Lage, handlungsleitende Antworten bei Fragen und Unsicherheiten im Blick auf Lauftempo, Laufintensität, Laufstil und dergleichen zu geben ... . Ziel aller Maßnahmen ist es, Menschen, die sich bewegen wollen, zu motivieren, durch sanftes aerobisches Laufen ihren Lebensstil zu verändern und `Dauerlaufen` als wichtige Lebensaktivität in ihren Alltag zu integrieren ... . Im Vergleich zu Lauftherapeutinnen und - therapeuten verfolgen Laufgruppenleiterinnen und -leiter keine explizit therapeutischen Ziele. Im Vordergrund stehen Beratungs- und Betreuungsfunktionen. ...... Der Unterricht im Kompaktseminar ist auf der Basis gerichteter Theorien didaktisch-methodisch vornehmlich handlungs- und praxisorientiert ausgerichtet. ... Die Auszubildenden erhalten nach erfolgreichem Abschluss das Zertifikat des DLZ."

Kompaktseminare an der Nordseeküste

Das erste 5-tägige Kompaktseminar fand vom 23. – 28. Mai 2005 mit 19 Teilnehmerinnen und Teilnehmern im ostfriesischen

Küstenbadeort Dornumersiel statt. Die Dozenten: Klaus Richter und Alexander Weber. Wir teilten die Unterrichtsaufgaben gleichmäßig unter uns auf, trafen auf einen sehr aufgeschlossenen, engagierten Teilnehmerkreis, der sich aus allen Teilen des deutschsprachigen Raumes rekrutierte. Wir selber, du und ich, fühlten uns von der Begeisterung der Seminarteilnehmer getragen, in unserem Verhalten und Tun gestärkt.

Unter der Überschrift „Das Experiment mit uns Laufgruppenleiter-Aspiranten" schrieb Katja Bock, Teilnehmerin des ersten Laufgruppenleiter-Seminars, in der DLZ-Rundschau, H. 33, 2005, S. 6, u. a. diese Sätze: „Man nehme: 19 Kursanten, zwei Dozenten, bei denen der Name schon Programm ist, und eine Landschaft, die wunderschön ist. Und gebe dem Ganzen einen Namen: Ausbildung zum/r Laufgruppenleiter/-leiterin. .... Was kam, waren 5 Tage voller neuer Erfahrungen. .... Einige Teilnehmer mussten die Langsamkeit wiederentdecken und feststellen, dass auch dies möglich ist. Der krönende Abschluss war ein 10 km–Lauf. Hier gilt es, ... die Zeit vorauszusagen, in der man das Ziel erreichen würde. Die Ernüchterung traf fast alle ... . Es galt, die innere Uhr neu zu stellen ... . Fazit: Experiment gelungen! 5 Tage sind viel zu kurz! ... . Vielen Dank, Alexander Weber und Klaus Richter."

In den Folgejahren führten wir bis 2012 noch sieben weitere Kompaktseminare für Laufgruppenleiter an der Nordseeküste durch – mit unvermindertem Schwung und Elan.

Insgesamt, lieber Klaus, können wir auf 10 Jahre gemeinsame Laufgruppenleiterausbildung zurückblicken. In dieser Zeit haben wir 165 Personen erfolgreich zu Laufgruppenleitern ausgebildet. Nicht nur das. Rechnet man hinzu, dass in diese, etwas erweiterte, Zeitspanne auch die Dornumersieler Kompaktseminare für die Lauftherapeuten und Laufpädagogen fallen, kommen noch ganz andere, weit höhere Zahlen ins Spiel.

In den vergangenen 15 Jahren hast du zusammen mit deiner Frau Christel und mir das Dozententeam gebildet, das in stetiger Folge eine Woche lang, jeweils im Monat August, die Kompaktseminare der angehenden Lauftherapeuten begleiten und unterrichtlich gestalten durfte. Und stets unter dem Dauerbrenner-Generalthema „Stresskontrolle und Entspannung - Life-Work-Balance". Über 300 Kursantinnen und Kursanten von überall her konnten die Unterrichtskunst des Klaus Richter in verschiedenen unterrichtlichen Settings erleben, konnten erfahren – nicht nur über das gesprochene Wort, sondern auch am eigenen Körper –, was ihr Lehrer unter Meditation und Entspannung versteht. Oder unter g-a-n-z lang-s-a-a-a-mem Laufen. Unvergessen und mir allzeit gegenwärtig: Die Moderation der obligaten Feedback-Runden, stets souverän, in akzeptierender Person-Haltung (unconditional regard), ausgleichend, dem Gruppenklima förderlich. Ebenso deine Reden bei der „Siegerehrung" nach den Abschlussläufen und den gemeinsamen Abendessen im „Fährhaus": gespickt mit köstlichen Anekdoten, humorvollen Einlagen und vielen Lachpausen. (Eine dieser Reden ist unter dem Titel „„Die Lust zum Laufen" oder „Die Bekenntnisse eines gelegentlich Lustlosen"' nachzulesen in dem von Wolfgang W. Schüler editierten Buch: Laufende Begegnungen, Berlin 2012, S. 94 – 98). Ferner die vielen persönlichen Gespräche zwischen den Unterrichtsabschnitten, bei abendlichen Treffen in kleiner Runde, und nicht zuletzt im Kontext der regelmäßigen Baltrum-Exkursionen. Selbst auf der Fähre von der Insel zum Festland: die Gespräche über „Gott und die Welt" rissen nicht ab, geredet wurde allerorts und über alles.

Von Zahlen ist weiter oben die Rede. Hier seien sie genannt. Die Dornumersiel-Kompaktseminare für Lauftherapeuten, Laufpädagogen und Laufgruppenleiter zusammengerechnet ergeben eine Summe von rund 140 Übernachtungen an der ostfriesischen Wattenmeerküste, und zwar in dem von dir und deiner Frau Christel so geliebten Hotel „Fährhaus" in Neßmersiel. Das schließt auch ein: fast 5 Monate Aufenthalt in frischer Nordseeluft, Essen und Trinken aus feiner Gastronomie. Und was die Zahl der Unterrichtsstunden anbetrifft, sie geht in die Hunderte. Deine Frau war ja nicht nur viele Male Begleitperson bei deinen Engagements im ostfriesischen Deutschland, sie selber war als Dozentin mit Seminaraufgaben im Bereich Gesundheitspädagogik, speziell „Entspannung" (Eutonie) ständig mit im Geschäft, erfolgreich und von den Kursanten überaus geschätzt. Was mich persönlich auch immer sehr beeindruckt hat, das ist eure Art und Weise des Miteinanderumgehens. Respektvoll, liebevoll, stets hilfreich zur Seite stehend, voller Vertrauen und Wärme, humorvoll, so meine Beobachtungen. Daraus meine Schlussfolgerung, dass du, Klaus, in einer glücklichen Partnerschaft lebst.

Performing in freundschaftlicher Verbundenheit

Meine persönliche Beziehung zu dir hat sich im Laufe der vielen Jahre, in mehr als einem Vierteljahrhundert, verändert, von Stufe zu Stufe entwickelt. Zu Beginn meiner Ausführungen schrieb ich bereits über erste Begegnungen in verschiedenen Funktionen und Rollen. Interaktionen und Kommunikation spielten sich, ich drücke es wieder mit Begriffen des Phasenmodells von Tuckman aus, auf diesen drei Stufen ab: Zusammenkommen, Kennenlernen, Kontaktaufbau (Forming); Debattieren über Aufgaben und Lösungen, Wetteifern (Storming); Übereinkünfte, gemeinsame Perspektiven (Norming). Die zeitlich längste, für uns beide und für das DLZ erfolgreichste Stufe, nämlich die unbeschwerte Arbeits- und Leistungsphase, in der es um relevante gemeinsame Ziele geht, diese Phase begann, so meine heutige Einschätzung, etwa ab 2003. Ich denke an die Diskussionen und Ausarbeitungen neuer Konzepte für die Aus- und Weiterbildung der verschiedenen DLZ-Angebote, an neue Richtlinien und Prüfungspläne, nicht zuletzt an unser

Forschungsprojekt >Systemische Lauftherapie – Veränderung des Lebensstils in drei Stufen<. Bei diesem Projekt, die Praxisphase spielte sich im Zeitrahmen von September 2005 bis Juli 2006 ab, hast du an entscheidenden Stellen mitgewirkt. Unsere These war: Durch körperliches Training, richtiges Essen und Trinken und richtiges Entspannen können wir uns biologisch und intellektuell bis ins hohe Alter leistungsfähig halten. Ein Mehr an körperlicher Bewegung und effektiver Erholung („Auszeiten") verändert die Lebensqualität in gewünschter Richtung. Das Projekt sollte helfen, über die Zusammenhänge von Bewegung, richtiger Ernährung und Entspannung hinaus auch Erkenntnisse bezüglich erfolgreichen Alterns zu gewinnen. - Kurz zu den zentralen Befunden: Wir mussten unsere Ausgangshypothese nicht verwerfen!

Ich denke auch gern zurück an unsere Wochenendtagung im Juni 2007 in Wiesbaden. Im Dreierclub haben wir, du, Wolfgang Schüler und ich, in Wolfgangs Büro grundlegende Inhalte und neue Formate zur Aus- und Weiterbildung im DLZ erörtert, ferner Eckdaten für neue Richtlinien. In bester Arbeitslaune, in einem angenehmen Klima und, in den Pausen, bei gutem Essen und köstlichem Rotwein.

Auf dieser Stufe der Verwirklichung gemeinsamer Ziele, in der Arbeits- und Leistungsphase („Performing" nach Tuckman), haben wir manches erreicht, was zum Gelingen der DLZ-Arbeit beitrug. Und diese Stufe ist (noch) nicht abgeschlossen. Du und ich, lieber Klaus, haben die Phase des „Adjourning" (die Zielerreichung, die Auflösung) im Auge, sie ist nahe Zukunft, aber noch nicht Gegenwart.

Für mich steht fest: in der ausgedehnten Phase des Performing konnte auf der Beziehungsebene unsere Freundschaft sich so entwickeln und wachsen, wie sie heute ist, nämlich eng und vertrauensvoll. Auch deshalb, weil Respekt und Toleranz bei unterschiedlichen Meinungen und Standpunkten im Laufe der Jahre beträchtlich zunahmen. Mit Altersmilde allein ist dies nicht zu erklären.

Zu deinen Karrieren im DLZ zähle ich auch das Engagement und die Mitarbeit bei den zahlreichen vom DLZ organisierten Laufveranstaltungen im Frühling und Spätherbst eines jeden Jahres. Noch vor der Vereinsgründung des Deutschen Lauftherapiezentrums hatte ich diese Laufveranstaltungen ins Leben gerufen. Viele der sogenannten Versuchspersonen, die in den 1980er Jahren an den wissenschaftlich begleiteten Laufkursen an der Universität Paderborn teilnahmen, äußerten den Wunsch, die einmal hergestellten Kontakte nicht abreißen zu lassen. Eine Möglichkeit zur Kontaktpflege sowie zur Stärkung der Laufmotivation sah ich in den Frühjahrs- und Adventsläufen, deren Organisation das DLZ ab den Neunzigern übernahm. Neben Peter Clare, dem langjährigen DLZ-Kassenwart, hattest du über viele Jahre einen wichtigen Posten: Leitung des Startbüros. Die damit verbundenen Aufgaben: Aufnahme der Anmeldungen, Erstellen von Startlisten, Urkunden, usw. Die Zahl der insgesamt durchgeführten Frühjahrs- und Adventsläufe in der Regie des DLZ übertrifft die 40er-Marke. Die Statistik weist über 5000 Teilnehmerinnen und Teilnehmer an diesen Läufen aus.

Rezensionen für die DLZ-Rundschau

Ein wichtiger anderer Bereich, in dem du für das DLZ und seine Außenwirkung von 1993 bis heute aktiv warst und den du sicherlich auch zukünftig betreuen wirst, betrifft die redaktionelle Mitarbeit für die DLZ-Rundschau. Als Herausgeber dieser Zeitschrift zeichnet der DLZ-Vorstand. Anfänglich als dünnes Mitteilungsblatt für die Mitglieder des Deutschen Lauftherapiezentrums konzipiert, entwickelte sich die Rundschau im Laufe der Jahre zu einem Magazin mit lauftherapeutisch relevanten Inhalten. Und wurde damit auch für einen größeren, interessierten Leserkreis attraktiv.

Klaus Richter als Autor vieler verschiedener Beiträge, vor allem aber als vornehmlicher Betreuer der Sparte „Buchrezensionen", hat sich damit in hohem Maße für die DLZ-Rundschau verdient gemacht. Das Nischenmagazin mit der internationalen Bibliotheksnummer ISSN 1430-8797 erschien zuletzt in der Doppelausgabe 53/54, 2015/16, im 27. Jahrgang.

Lieber Klaus, ich habe nachgezählt: Du hast von 1993 an bis 2015 in 29 verschiedenen Rundschau-Heften insgesamt 48 Bücher, überwiegend Neuerscheinungen, besprochen. Alle Rezensionen zusammen genommen füllen 35 Druckseiten! Deine Kritiken, allesamt sehr lesenswert, von hohem Sachgehalt, übersichtlich gegliedert, mit klaren Aussagen und entsprechenden Leseempfehlungen, sind nicht mit spitzer Feder geschrieben. Gleichwohl können die Leser unschwer die Meinung des Rezensenten zum jeweiligen Buch erfahren.

Außer den Buchbesprechungen hast du, wenn ich richtig gelistet habe, zwischen 1994 und 2015 weitere neun Beiträge in der DLZ-Rundschau veröffentlicht. Darunter einige Reden, die du bei DLZ-Veranstaltungen, größeren (wie Jubiläumsfeiern) und kleineren (wie Begrüßungs- und Verabschiedungsfeiern von Lauftherapeuten), gehalten hast. Hier zitiere ich auszugsweise ein paar Sätze aus deiner Rede „Zur Verabschiedung der Absolventen des Aus- und Weiterbildungskurs 24", gehalten am 7.11.2015 und publiziert in der DLZ-Rundschau, H. 53/54, 2015/16, S. 12. Sie scheinen mir deshalb so bemerkenswert und von allgemeinem Interesse, weil sie einen Gutteil unserer sogenannten DLZ-Philosophie widerspiegeln. Im Wortlaut:

„Lauftherapie ist zuerst ein Überzeugungsprozess und dann in zweiter Linie ein Informationsprozess. Entscheidend sind Haltung, Charakter und schlüssiges Handeln derer, die leiten. Erst dann geht es darum, konkrete Hinweise zu geben, wie man laufen soll. .... Wir möchten [den Klienten] auf Dauer zu einer neuen Lebensorientierung ermutigen, zu einem achtsamen Umgang mit sich selbst, ihn befähigen, krankmachendes und selbstzerstörerisches Verhalten aufzugeben. .... Leistung wird gemessen am Fortschritt, den jeder Einzelne erzielt."

Maxime „Gesund leben"

16 Jahre vorher, anlässlich der Eröffnung des 9. Aus- und Weiterbildungskurs für angehende Lauftherapeuten, hast du deinen Vortrag mit Worten der heiligen Teresa von Avila (1515 – 1582) „Tu deinem Leib Gutes, damit deine Seele Lust hat, darin zu wohnen" beendet (DLZ-Rundschau, H. 22, 1999, S. 8). Ein Satz von ewiger Wahrheit.

Gesund leben – auch dafür steht Klaus Richter, er ist ein Vorbild für gesundes Leben. Die üblichen Kriterien erfüllt er allesamt: er isst kein Fastfood, meidet Fleisch, er trinkt Alkohol sehr dosiert und nur in kleinen Mengen; er betreibt Heilfasten mehrmals im Jahr; er ist Nichtraucher; er gönnt sich Ruhephasen und jährlich mehrere Urlaube; er bewegt sich regelmäßig in frischer Luft, wandert, läuft, geht Schwimmen, betreibt leichtes Krafttraining. Einziger Schwachpunkt: Er hat zu viel Alltagsstress. Stress – das ist ein häufig vorkommender Begriff in seinem Wortschatz: gesprochen, geschrieben und – beklagt.

Unter „Persönliches Statement" finden sich u. a. diese Sätze von dir: „Die in modernen Industriegesellschaften lebenden Menschen leiden unter dem Druck und den Sorgen der Außenwelt .... Ihr Energiepotential reicht nicht mehr aus, um Stress, Ängste und Depressionen abbauen zu können .... Nach innen gewandte meditative Übungen und körperliche Ausdauerübungen .... können zu einer Kraftquelle für Menschen werden, die zu sich selbst kommen wollen" (in: DLZ-Rundschau, H. 30, 2003, S. 9). Was du da schreibst, Klaus, hast du in deinem Leben zumindest teilweise auch so erfahren, durchlebt, praktisch erprobt. Und als hoch wirksames Heilmittel befunden. Meditation und Laufen – nicht der einzige, jedoch ein Königsweg zur Stresskontrolle.

Wie in den Jahren zuvor, erhalten wir, meine Familie, auch im Dezember 2015 von dir die nun schon traditionelle Weihnachtspost. Und die stets mit Beigaben in Form ausgewählter Dichterworte, weiser Sprüche, schöner Fotos. Diesmal mit einer bunt gemalten Kinderzeichnung „Herzen öffnen Türen" – fröhliche Gesichter mit wachen, hellen Augen, die Optimismus ausstrahlen. Dass die Weihnachtsvorbereitungen auch „noch einige stressige Tage" bescheren, diese Zwischenbemerkung, sie trifft unbestritten für viele in dieser Zeit zu. Und ist eben auch ein charakteristischer Marker im Erleben des Klaus Richter.

Charakteristisch ebenso dies: die meisten seiner postalischen Briefe, Kartensendungen u. ä. sind handgeschrieben. Sie enthalten so eine ganz persönliche, unverwechselbare Note, vermitteln eine Botschaft, die in unserer digitalisierten Welt weitgehend abhandenkommt. Deine Handschrift, sehr gut leserlich, vermittelt ein ruhiges, sehr geordnetes Bewegungsbild. Die gleichmäßige Form signalisiert den Eindruck einer in sich ruhenden Person, beherrscht und diszipliniert. Schade, dass Handgeschriebenes in heutiger Zeit aus der Mode gekommen ist. Jede Handschrift ist so individuell wie die Person, die sich ihrer bedient. Ein Klaus Richter schreibt noch heute gern mit blauer oder schwarzer Tinte per Hand. Viele wissen das zu schätzen, ich eingeschlossen.

Vorbild für lauftherapeutisches Denken und Handeln

Die Welt war und ist in ständigem Wandel. Und es ist wohl so, dass das Tempo der Veränderungen in vielfacher Hinsicht von Jahr zu Jahr zunimmt. Wir Menschen in unserer Zeit sind das Produkt einer langen Evolutionskette von zigtausend Generationen. Die evolutionsbedingten Konstanten im Kern unseres Wesens verhindern schlagartige, von außen aufgezwungene, zivilisatorisch bedingte Veränderungen. Ein von mir sehr geschätzter Kollege, der Soziologe und Philosoph Frank Benseler, vertrat mir gegenüber bereits in den Neunzigern die Überzeugung: „Man muss heutzutage konservativ denken, um fortschrittlich handeln zu können". Dieser Satz ist, denke ich, durchaus auch auf das übertragbar, was du, lieber Klaus, mit deinem Einsatz für unsere gemeinsamen Ziele im Sinne der DLZ-Philosophie fortwährend bewirkst. Bei deinem Tun, mit meinem in vieler Hinsicht identisch, geht es um die Veränderung von Verhaltensweisen, die auf einen aktiven, mithin gesünderen und besseren Lebensstil zielen. Im Evolutionsbauplan, in der Schöpfung, finden bewegungsarme, überernährte Sitzmenschen keinen Platz. Du, lieber Klaus, stehst mit deiner Person für das, was den Menschen an Leib und Seele gesund erhält. Man kann das gern auch mit Salutogenese in Verbindung setzen. Für mich bist du ein DLZ-Kaliber. Oder in anderer Formulierung: die Inkarnation des >Paderborner Modells der Lauftherapie< schlechthin.

Klaus Richter ist d-a-s Praktikum des Paderborner Modells der Lauftherapie. Es ist nicht übertrieben, wenn ich sage: Alle Teilnehmerinnen und Teilnehmer der DLZ-Aus- und Weiterbildungskurse, die die Seminare unter der Leitung Klaus Richters mitmachen und miterleben durften, haben das einmalige Aha-Erlebnis verinnerlicht. Das gesundheitsorientierte, g-a-n-z l-a-n-g-same Laufen ist für jedwede Person möglich und gewinnbringend. Lauftherapie im Sinn des Paderborner Modells will keine Sieger auf den Plätzen 1, 2, 3 usw., sondern Gewinner für sich selbst. Auch diejenigen, die nicht durchhalten, bestimmte Ziele nicht erreichen, aus verschiedenen Gründen aufgeben, sind keine Verlierer, sondern Gewinner, weil sie um eine Erfahrung reicher geworden sind. Auch für diese Auffassung steht Klaus Richter, Vorbild für lauftherapeutisches Denken und Handeln.

Mit achtzig hat der Mensch unserer Generation die Schwelle zum hohen Alter erreicht. Das ist jedoch für dich noch kein Grund, die Hände in den Schoß zu legen. Das DLZ braucht den Lehrer, das Vorbild, die Person Klaus Richter. Der Nachname steht für (eindeutige) Richtung, für einen Menschen mit einem klaren Kompass. Wir brauchen weiterhin deine Stimme.

Im Namen des DLZ und gleichzeitig mein persönlicher Wunsch: „Keep up moving, keep up the good work"

Wenn aus Zwei Eins wird

Belletristischer Versuch über ein Binnenverhältnis
von Wolfgang W. Schüler

Sie denken, das kann gar nicht sein: Wo sollte denn dieser kirchenferne, bevorzugt in Skandinavien urlaubende Jungspund aus Hessen unseren Klaus kennengelernt haben?! Und falls doch, was könnten sie sich zu sagen haben?

Vielleicht sollte man Sternzeichen, besonders gemeinsame [hier: die Waage] – auch wenn die beiden keinen Pfifferling auf sie geben würden – nicht unterschätzen, erst recht nicht das in Ostwestfalen beheimatete Deutsche Lauftherapie-

zentrum (DLZ) als Mekka der Lauftherapiebewegten. Klaus und Wolfgang [das bin ich] sind nicht nur zwei dieser Spezies, sie haben auch darüber hinaus gemeinsame Neigungen. Worin diese bestehen? Ganz unter uns: in einem unentwegten Explorations- und Publikationsdrang.

Die Geschichte, die erzählt werden soll, nahm auf zunächst unscheinbare Weise ihren Lauf. Beide Protagonisten hatten sich am 17. April 1993 im Kongresshaus zu Bad Lippspringe – im weiteren nur noch Ba-Li genannt – eingefunden: Wolfgang, um erwartungsvoll die Lauftherapie-Weiterbildung zu beginnen, Klaus, um sie erfolgreich [sehr erfolgreich] abzuschließen. Als Sprecher seines Kurses nahm letzter auch an einer Talkrunde teil. Was Wolfgang hierbei an ihm auffiel, war mehrerlei: Moderatorenstimme, Sprachgewandtheit, Aussagekraft, aber auch anderes: das würdevolle Auftreten [Sitzen]. Kurzum, Klaus' Präsenz war nachhaltig, und Wolfgang murmelte in sich hinein: „Lieber Gott, so es dich gibt, lass mich bitte, wenn ich groß bin, auch so sein wie er."

Der positive Ersteindruck bestätigte sich in meiner [Wolfgangs] nun folgenden Ausbildungszeit, in der Klaus als frischgebackener DLZ-Dozent auftrat. Er hatte also Karriere gemacht! Und damit die Schere zwischen uns erst einmal noch weiter aufgehen lassen. – Doch dann *mein* Ausbildungsabschluss! Geht nicht jede Durststrecke einmal zu Ende? Nicht nur wurde meine Hausarbeit – wie zuvor die von Klaus – als Buch einer neuen DLZ-Schriftenreihe herausgegeben; ich wurde ebenso zum DLZ-Dozenten berufen. Prof. Dr. Alexander Weber, dem Gründer und Leiter des Lauftherapiezentrums, sei's gedankt.

Von da an bewegten Klaus und ich uns in Sichtweite, ja, es ergaben sich die ersten kollegialen Kontakte, ob bei Dozententreffen oder den Abschlussprüfungen. Entscheidend für eine intensive Zusammenarbeit jedoch waren unsere 16 Jahre als Mitglieder der Aus- und Weiterbildungskommission (1997 – 2013), ich als offizieller, er als heimlicher Kommissionsvorsitzender. Scherzhaft nannte ich uns „Der Richter und sein Henker" (F. Dürrenmatt). Ohne Klaus' strategisches Denken, seine inhaltlichen Unterfütterungen und seinen stilistischen Feinschliff hätte ich bei der Präsentation der Arbeitsergebnisse längst nicht so gut ausgesehen. So aber hatte ich einen stillen Lehrmeister – mit unvermeidbarem Nebeneffekt: Unser Kenntnisstand und unser Denken näherten sich über die Zeit einander an. Richtiger wäre zu sagen: mein Denken dem seinen.

Und wenn wir nach getaner Arbeit abends in Ba-Li unser Lieblingslokal aufsuchten, wo er in fließendem Italienisch zu bestellen pflegte, ertappte ich mich dabei, auch die Thunfischpizza und das Glas Valpolicella zu ordern. Zugleich waren die Tage meines Absteigens in preiswerten Unterkünften gezählt. Zum Vorzuge eines auch morgendlichen Gespräches mit ihm wählte ich fortan die gehobene Klasse und am Frühstücksbüffet ebenso den Frischkornbrei. Danach ging es frisch zu Werke.

Noch bewegten wir uns schreibend eher auf eigenen Wegen. Ich war meist mit „meinen" Kindern beschäftigt, er mit „seinen" Erwachsenen – eine lauftherapeutisch durchaus sinnvolle Ergänzung. Und so machte ich meine Artikel und Bücher und er die seinen; zuweilen wurden wir von Alexander in ein Dreierautorenteam berufen.

Als ich einmal einen Ausflug in die Welt der Rezensionen wagte, bekam mir das gar nicht gut. Ich hatte Feuer für ein Buch übers Laufen in der Antike gefangen und wollte es unbedingt besprechen, naheliegender Weise in der DLZ-Rundschau. Selbstverständlich fragte ich deren Chefrezensenten – es war kein anderer als Klaus – um Zustimmung; ich wollte ja nicht in fremden Revieren wildern. Natürlich gab er mir, generös wie immer, sein Ja, und so reichte ich alsbald meinen Beitrag ein. Doch anstatt diesen mit meinem Namen abgedruckt wiederzufinden, hieß es da: „von Klaus Richter". War die Redaktion der Macht der Gewohnheit erlegen gewesen?

Die Frage war auch: Gereichte mein Beitrag nun Klaus zur Ehre oder ward ihm ein Kuckucksei ins Nest gelegt? Mich sollte ein

Verdacht überkommen. Ich weiß nicht mehr, ob es zu meinem Geburtstag oder zu Weihnachten war, jedenfalls fischte ich ein Päckchen von Klaus aus dem Briefkasten. Es war unschwer zu fühlen, welchen Inhalt es hatte. Nach dem Auspacken staunte ich nicht schlecht über den Titel: „Schreiben dicht am Leben", ein Buch aus der Duden-Reihe „Kreatives Schreiben". Was wollte Klaus mir damit sagen? Schrieb ich etwa fernab des Lebens? Waren meine Inhalte viel zu theoretisch? Und wollte er mir freundlich auf die Sprünge, ja, mir gar mit seinem eigenen Lehrbuch, dem goldenen Schlüssel zum perfekten Schreiben, aus der Patsche helfen?

Zugegeben, ich liebte das Schreiben und ich verfluchte es hier und da. Diesen ach so stillen Akt. Dieses Ringen um Gedanken und um die rechten Worte. Nicht selten auch um das Bewahren von Haltung. Denn wann schon sprudelte ein Beitrag nur so aus einem heraus, dass man ihn quasi bloß einzufangen brauchte? In der Regel war Demut geboten. Dann, wenn am Ende eines Tages nur ein kleiner Absatz oder auch nur ein einziger Satz der selbstkritischen Prüfung standhielt.

Kennt man andere Autoren nicht näher, so glaubt man schnell an seine eigene Unfähigkeit. Und daran, dass „Klaus, dem Großen" solche Momente gänzlich fremd sind. Ihm, der druckreif spricht und eigentlich nur ein Diktiergerät mitlaufen lassen müsste. Doch dann von ihm dieses unerwartete Eingeständnis, in einer Mail: „Ich kaue noch am Bleistift. Es fehlt die zündende Idee. Ich tröste mich mit dem Satz: 'Auch zweitbeste Lösungen führen zum Ziel'." Da wurde mir bewusst: Nicht nur der junge Werther leidet, auch der alte – zumindest hin und wieder.

Klaus' Eingeständnis hatte auf mich eine befreiende Wirkung. Zum einen erfuhr mein Selbstbild eine Korrektur, zum anderen wusste ich nun um ein weiteres geteiltes Schicksal. Als Selbsthilfegruppe könnten wir uns in solchen Momenten vielleicht gegenseitig beim Schopfe packen. Wer hinderte uns denn daran, in Zukunft als Duo Schreibprojekte in Angriff zu nehmen und Synergieeffekte zu nutzen? Lauftherapeutische Themen, die uns beide interessierten, gab es doch auch.

Mittlerweile sind der erste gemeinsame Artikel und das erste gemeinsame Buch erschienen. Im Pingpong-Verfahren spielten wir uns die Bälle zu, zunehmend schneller. Hakte bei mir oder bei ihm etwas, war der jeweils andere als Pannenhelfer zur Stelle.

Nicht nur inhaltlich, sondern auch stilistisch haben wir uns gefunden. Dabei war längst nicht mehr zielführend, danach zu fragen, was noch meine eigenen Formulierungen waren und was die seinen. Zu viele Kommissionspapiere, die er mit mir formuliert hatte …, zu viele seiner Gutachten zu Hausarbeiten, die ich als Zweitprüfer las und mitzeichnete …, zu viele seiner Publikationen, zu denen ich wegen ihres Erkenntniswertes nicht bloß einmal griff …, zu viele Mails, die wir unter der Woche, Monat für Monat, Jahr für Jahr miteinander austauschten … Wenn da nichts abfärbte, sich nichts vermischte …! So aber ging mein großer Traum nun doch in Erfüllung!!

Sie denken, man sollte zukünftig uns beide im Blick behalten? „Gerne." – Und, es bleibe nur noch eine Frage offen? „Bitte, fragen Sie!" – Wie noch gleich mein Name war? „Richter, Klaus Richter. Für Sie, Klaus!"

P. S. Meine Frau, „die beste Ehefrau von allen" (E. Kishon) hat mitgehört und rüttelt und schüttelt mich. Ich solle wieder auf den Boden der Tatsachen zurückfinden! Oder ob ich in der Praxis eines Psychologen oder Psychiaters landen wolle – wegen Identitätsstörung?! – Ehrlich gesagt: Ich weiß nicht, wovon sie spricht.

Veröffentlichungen von Klaus Richter zum Laufen und zur Lauftherapie

Einführung, Bibliografie, Auswahl
von Wolfgang W. Schüler

Einführung

Die Themen, über die Klaus in diesem Zusammenhang schreibt, sind gesetzt. Mehrheitlich handelt es sich um die Lauftherapie, wie sie am Deutschen Lauftherapiezentrum (DLZ) gelehrt und dort von ihm mit vertreten wird. Ein zweiter Schwerpunkt liegt in Buchbesprechungen, und zwar Neuerscheinungen zur Lauftherapie wie auch zu korrespondierenden Themen aus dem Feld Gesundheit fördernder Lebensführung. Daneben finden sich einzelne Publikationen, die der Portraitierung bestimmter Wegbereiter der Lauftherapie und der Bibliografierung lauftherapeutischer Literatur gewidmet sind, aber auch seiner eigenen lauftherapeutischen Praxis. Hier sind der von ihm ins Leben gerufene Lauftreff und die Verbindung von Lauftherapie und Meditation zu nennen.

Neben Dutzenden von Beiträgen, die in Zeitschriften – allen voran der DLZ-Rundschau – und in Büchern erschienen sind, liegen einige von Klaus selbst verfasste bzw. herausgegebene Bücher vor. Seine Person hat er auf Wunsch in der Artikelreihe „DLZ-Dozenten im Kurzportrait" vorgestellt. Nachfolgende Bibliografie listet alle Publikationen, nach Jahrgängen geordnet, auf. Diese markieren den Zeitraum 1993 bis heute, also knapp 25 Jahre.

Bibliografie

2015

- [Wolfgang W. Schüler & Klaus Richter] *Bibliografie Lauftherapie. 3333 Publikationen zum gesundheitsorientierten Laufen aus fünf Jahrzehnten.* Hamburg: Verlag tredition.
- Buchbesprechung: Frank Hofmann: Marathon zu Gott. Ein spiritueller Trainingsplan. In A. Wallentin (Hrsg.), *Mendener Kanon der Literatur. 103 Leser, 103 Bücher, 103 Meinungen* (98-99). Essen: erste liga in der Edition Schmitz.
- Zur Verabschiedung der Absolventen des Aus- und Weiterbildungskurses 24. *DLZ-RUNDSCHAU, 27* (53/54), 12-13.
- Buchbesprechung: Andreas Butz & Axel vom Schemm: Schwitzen für den Erfolg – In Laufschuhen Karriere machen. *DLZ-RUNDSCHAU, 27* (53/54), 41.
- Buchbesprechung: Michael Nehls: Die Alzheimer-Lüge. Die Wahrheit über eine vermeidbare Krankheit. *DLZ-RUNDSCHAU, 27* (53/54), 43.
- Buchbesprechung: Christo Foerster: Neo Nature. Endlich gesünder und erfolgreicher leben. *DLZ-RUNDSCHAU, 27* (53/54), 44.
- Buchbesprechung: Christina Berndt: Resilienz. Das Geheimnis der psychischen Widerstandskraft. *DLZ-RUNDSCHAU, 27* (53/54), 45.

2014

- [Richter, K. & Schüler, W. W.] Jubiläum eines Klassikers: 25 Jahre Ausbildung in Lauftherapie (DLZ). http://www.laufreport.de/training/dlz25/dlz25.htm
- [Richter, K. & Schüler, W. W.] Jubiläum eines Klassikers: 25 Jahre Ausbildung in Lauftherapie (DLZ). DLZ-Rundschau, 26 (51/52), 22-25.

- Buchbesprechung: Wolfgang W. Schüler: Lauftherapie mit Kindern und Jugendlichen. Psychische Gesundheit und Leistungsfähigkeit durch ausdauerndes Laufen. http://lauftherapie-vdl.de/joomla/index.php/de/lauftherapie-artikel-bücher-studien-rezensionen/183-lauftherapie-mit-kindern-und-jugendlichen
- Buchbesprechung: Wolfgang W. Schüler: Lauftherapie mit Kindern und Jugendlichen. Psychische Gesundheit und Leistungsfähigkeit durch ausdauerndes Laufen. DLZ-Rundschau, 26 (51/52), 48-49.
- Buchbesprechung: Urs Weber: Traumziel Marathon. Die 42 schönsten Strecken der Welt. DLZ-Rundschau, 26 (51/52), 50.

2013

- [Weber, A., Richter, K. & Schüler, W.W.]. Lauftherapie nach dem Paderborner Modell – ein Königsweg zur Selbsthilfe. (Hrsg.: Deutsches Lauftherapiezentrum) Bad Lippspringe: DLZ.
- Praktische Lauftherapie. In A. Weber, K. Richter, K. & W. W. Schüler, Lauftherapie nach dem Paderborner Modell – ein Königsweg zur Selbsthilfe (38-53). (Hrsg.: Deutsches Lauftherapiezentrum) Bad Lippspringe: DLZ.
- Systemische Lauftherapie. In A. Weber, K. Richter, K. & W. W. Schüler, Lauftherapie nach dem Paderborner Modell – ein Königsweg zur Selbsthilfe (78-88). (Hrsg.: Deutsches Lauftherapiezentrum) Bad Lippspringe: DLZ.
- [Weber, A., Richter, K. & Schüler, W.W.]. Literatur für Kursantinnen / Kursanten in der Aus- und Weiterbildung des Deutschen Lauftherapiezentrums (DLZ). DLZ-Rundschau, 25 (49/50), 18-19.

- Das Prinzip der Einfachheit: Lauftherapie in einer komplexen Welt. (Vortrag anlässlich des 25jährigen DLZ-Jubiläums). DLZ-Rundschau, 25 (49/50), 26-29.
- Buchbesprechung: Matthias Marquart (Hrsg.): Laufen und Laufanalyse. Medizinische Betreuung von Läufern. DLZ-Rundschau, 25 (49/50), 54

2012

- Laufen über alles! In W. W. Schüler (Hrsg.), Laufende Begegnungen. Ein Lesebuch zum 75. Geburtstag von Prof. Dr. Alexander Weber (84-98). Berlin: Pro Business.
- Buchbesprechung: Wolfgang W. Schüler (Hrsg.): Laufende Begegnungen. Ein Lesebuch zum 75. Geburtstag von Prof. Dr. Alexander Weber. DLZ-Rundschau, 24 (47/48), 51-52.
- Buchbesprechung: Michael Nehls: Die Methusalem-Strategie. Vermeiden, was uns daran hindert, gesund, älter und weiser zu werden. DLZ-Rundschau, 24 (47/48), 52.
- Buchbesprechung: O. Stoll & H. Ziemainz: Laufen psychotherapeutisch nutzen. Grundlagen, Praxis, Grenzen. DLZ-Rundschau, 24 (47/48), 53.
- Buchbesprechung: Martin Grüning & Urs Weber: Das neue grosse Runner's World Buch vom Laufen. Die besten Tipps für Einsteiger und Fortgeschrittene. DLZ-Rundschau, 24 (47/48), 54.
- Buchbesprechung: Martin Grüning, Jochen Temsch & Urs Weber: Laufbuch. DLZ-Rundschau, 24 (47/48), 51-52.

2011

- 20 Jahre Aus- und Weiterbildung im Deutschen Lauftherapiezentrum (DLZ): Erinnerungen und Erlebnisse eines Zeitzeugen. DLZ-Rundschau, 23 (45/46), 5-8.
- Buchbesprechung: Frank Hofmann: Marathon zu Gott. Ein spiritueller Trainingsplan. DLZ-Rundschau, 23 (45/46), 58.
- Buchbesprechung: Jeff Galloway: Laufen – ein Leben lang. Vitalität steigern, Gesundheit erhalten, verletzungsfrei mit

Galloways sanfter Methode. DLZ-Rundschau, 23 (45/46), 58.

2009

- 10 Jahre „Lauftreff 99 – Flotter Klaus". Gemeindebrief der Kath. Pfarrgemeinde St. Josef Lendringsen (Hrsg.), Ausgabe 2009, 12-13.
- Buchbesprechung: Urs Weber: Ausrüstungshandbuch für Läufer. DLZ-Rundschau, 21 (41/42), 48-49.
- Buchbesprechung: Michelle Haintz: Wach-Laufen. Bewusstes Laufen für Körper, Geist und Seele. DLZ-Rundschau, 21 (41/42), 49.
- Buchbesprechung: M. Linden / W. Weig. (Hrsg.): Salutotherapie in Prävention und Rehabilitation. DLZ-Rundschau, 21 (41/42), 50.
- Buchbesprechung: Dagmar Dahl: Zum Verständnis von Körper, Bewegung und Sport in Christentum, Islam und Buddhismus. Impulse zum interreligiösen Ethikdiskurs zum Spitzensport. DLZ-Rundschau, 21 (41/42), 50.

2008

- Wenn Laufen zur Lebensschule wird. 20 Jahre DLZ (Deutsches Lauftherapiezentrum). Spiridon, 34 (4), 22-23.
- Lieber Alexander, meine Damen und Herren! Alexander ist 70 – wie leben Menschen dieser Altersgruppe? DLZ-Rundschau, 20 (39/40), 18-21.
- Buchbesprechung: Karl-Michael Brunner, Sonja Geyer u. a.: Ernährungsalltag im Wandel – Chancen für Nachhaltigkeit. DLZ-Rundschau, 20 (39/40), 49.
- Buchbesprechung: Robert Egger, Hartmut Zwick u. a.: Mehr Energie durch Shaolin-Qi Gong – Die Übungen der Mönche für Stressabbau und Leistungssteigerung. DLZ-Rundschau, 20 (39/40), 49-50.

- Buchbesprechung: Norbert Bachl, Werner Schwarz & Johannes Zeibig: Aktiv ins Alter – Mit richtiger Bewegung jung bleiben. DLZ-Rundschau, 20 (39/40), 50.

2007

- Buchbesprechung: Christoph M. Bamberger: Besser leben – länger leben. 10 gesunde Jahre mehr sind machbar – Das individuelle Präventionsprogramm. DLZ-Rundschau, 19 (37/38), 50.
- Buchbesprechung: Mathias Dietger: Professionelle Prävention – Gesundheitsförderung durch richtige Ernährung und mehr Bewegung. DLZ-Rundschau, 19 (37/38), 50.
- Buchbesprechung: Martin Schramm / Ulrich Eggers (Hrsg.): Lauffeuer – Das Laufbuch für Körper, Seele und Geist. DLZ-Rundschau, 19 (37/38), 50.

2006

- [Bonnemann, A., Grell, J. & Richter, K.] (Hrsg.). Laufen und Lauftherapie. Ein Lesebuch. Regensburg: LAS Verlag.
- Laufen mit Alexander Weber. In A. Bonnemann, J. Grell & K. Richter (Hrsg.), Laufen und Lauftherapie. Ein Lesebuch (27-32). Regensburg: LAS Verlag.
- Lauftherapie - und was dann? DLZ-Laufgruppenleiterin/DLZ-Laufgruppenleiter – ein neues Ausbildungskonzept. In A. Bonnemann, J. Grell & K. Richter (Hrsg.), Laufen und Lauftherapie. Ein Lesebuch (83-87). Regensburg: LAS Verlag.
- Buchbesprechung: D. Pape, R. Schwarz & H. Gillessen: Gesund – Vital – Schlank. Fettverbrennung, der Königsweg zur dauerhaften Fitness. Raus aus der Insulinfalle. DLZ-Rundschau, 18 (35), 56.
- Buchbesprechung: Richard Rost (Hrsg.): Sport und Bewegungstherapie bei Inneren Erkrankungen. Lehrbuch

für Sportlehrer, Übungsleiter, Physiotherapeuten und Sportmediziner. DLZ-Rundschau, 18 (35), 56-57.

- Buchbesprechung: D. Pape, R. Schwarz & H. Gillessen: Ernährung und Bewegung nach dem Insulinprinzip. Das ganzheitliche Gesundheitsprogramm. DLZ-Rundschau, 18 (35), 57.
- Buchbesprechung: Dieter Kleinmann: Laufnebenwirkungen – Vom Ermüdungsbruch zum plötzlichen Herztod: Was können Sie dagegen tun? DLZ-Rundschau, 18 (35), 57.
- Buchbesprechung: Dieter Kleinmann: Laufen und Walking im Alter. Gesundheitliche Auswirkungen und Trainingsgrundsätze aus medizinischer Sicht. DLZ-Rundschau, 18 (36), 27.

2005

- Carl-Jürgen-Diem: Der Lauftreff und das Darmstädter Modell. In A. Weber & W. W. Schüler (Hrsg.), Warum Cooper Aerobics erfand. 11 große Theoretiker der Lauf-Gesundheit (133-152). Regensburg: LAS Verlag.

2004

- Carl-Jürgen Diem. (Wegbereiter der Lauftherapie – 8). DLZ-Rundschau, 16 (31), 34-41.
- Buchbesprechung: Ilse Gutjahr (Hrsg.) & Werner Sonntag: Sport und Vollwerternährung. Vollwertig Sport treiben. DLZ-Rundschau, 16 (31), 45-46.
- Buchbesprechung: Andreas M. Marlovits: Lauf-Psychologie. Dem Geheimnis des Laufens auf der Spur. DLZ-Rundschau, 16 (31), 46.
- Neues Ausbildungskonzept für DLZ-Laufgruppenleiterin / DLZ-Laufgruppenleiter. DLZ-Rundschau, 16 (32), 23-24.
- Buchbesprechung: Dieter H. Jütting (Hrsg.): Die Laufbewegung in Deutschland – interdisziplinär betrachtet. DLZ-Rundschau, 16 (32), 49.

2003

- Rede zur Diplomverleihung (Auszug). [So viele wie nie zu-
vor: 38 neue Lauftherapeuten erwerben das DLZ-Diplom.]
DLZ-Rundschau,15 (30), 7.
- DLZ-Dozenten im Kurzportrait: Klaus Richter. DLZ-
Rundschau,15 (30), 8-9.

2002

- [Schüler, W. W. & Richter, K.] Gesund durch Laufen.
Bibliografie deutschsprachiger Literatur. Prof. Dr.
Alexander Weber zum 65. Geburtstag. Wiesbaden.
- Lauftherapie – Laufpädagogik: ein ganzheitliches Konzept.
DLZ-Rundschau, 14, (28), 46-49.

2001

- Buchbesprechung: Ulrich Strunz. forever young – Das
Erfolgsprogramm. DLZ-Rundschau, 13 (25), 60-61.
- Buchbesprechung: Jörg Schmitt-Kilian. Vom Junkie zum
Ironman – Die zwei Leben des Andreas Niedrig. DLZ-
Rundschau, 13 (25), 61.

2000

- Aspekte der praktischen Lauftherapie. Vortrag zur
Eröffnung von Kurs IX – Aus- und Weiterbildung zum
Lauftherapeuten, Freitag, 16. April 1999, Bad Lippspringe.
DLZ-Rundschau, (23), 30-34.

1999

- [Bücken, F.-J., Krüger, M., Richter, K. & Schüler, W. W.]
Laufen als Therapie. Überlegungen zum Therapiebegriff.
DLZ-Rundschau, (21), 24-25
- Gesundheit durch Laufen und Meditation. In A. Weber
(Hrsg.), Hilf dir selbst: Laufe! Das Paderborner Modell der
Lauftherapie und andere Konzepte für langfristig gesundes
und erfolgreiches Laufen (224-242). Paderborn: Junfermann
Verlag.

1998

- Buchbesprechung: Ulrich Pramann. Laufen. (Kleine Philosophie der Passionen). DLZ-Rundschau, (20), 26.
- Buchbesprechung: Herbert Steffny & Ulrich Pramann. Perfektes Lauftraining. DLZ-Rundschau, (20), 26-27.

1997

- Buchbesprechung: Wolfgang W. Schüler. Lauftherapie bei verhaltensauffälligen Kindern und Jugendlichen. DLZ-Rundschau, (17), 26.

1995

- Meditation und Laufen. Dargestellt an Fallbeispielen aus einer Lauftherapiegruppe. (Hrsg.: Deutsches Lauftherapiezentrum; Praxis-Reihe „Lauftherapie", Bd. 2) Oberhaching: Gesundheits-Dialog-Verlag.
- Buchbesprechung: Franz Eppinger. Lauftherapie für Betriebsangehörige. (Praxis-Reihe „Lauftherapie"). DLZ-Rundschau, (13), 38.
- Das Behandlungsprogramm in der Lauftherapie. Vortrag auf dem 14. Sportärzte-Weiterbildungslehrgang des Sportärztebundes Rheinland-Pfalz e. V. am 5. November 1994 in Lahnstein. DLZ-Rundschau, (14), 25-30.

1994

- Buchbesprechung: Detlef Kuhlmann (Hrsg.). Das LaufLESEbuch. DLZ-Rundschau, (11), 35.
- Buchbesprechung: Wolfgang W. Schüler. Sozialpädagogische Intervention durch Sport. Dargestellt am Beispiel des Langstreckenlaufs. Eine empirische Untersuchung an Kindern und Jugendlichen im Heim. DLZ-Rundschau, (11), 36.
- Buchbesprechung: Reinhold Dietrich. Entspannung durch meditatives Laufen. DLZ-Rundschau, (12), 34.

1993

- Buchbesprechung: K. Bös & Chr. Feldmeier. Lexikon: Bewegung & Sport zur Prävention & Rehabilitation. DLZ-Rundschau, (9), 26.
- Buchbesprechung: Bruno Blum. Perfektes Stretching. Ein Leitfaden für die optimal ausgeführte Dehngymnastik. DLZ-Rundschau, (10), 39.

Auswahl

Wer über die bibliografische Darstellung von Klaus' Schriften hinaus deren Inhalte originalgetreu abbilden möchte, gerät in ein grundsätzliches Dilemma. Wie gelingt angesichts der großen Zahl an Arbeiten und ihrer thematischen Breite eine sowohl anschauliche als auch kurze Gesamtschau? Können hierfür einzelne Beiträge herausgegriffen werden und für das Ganze stehen? Oder sollte lieber quer durch das Gesamtwerk zitiert werden?

Als ich Klaus' Beiträge zur Lauftherapie noch einmal diagonal las, kam ich zu zwei Überzeugungen. Zum einen: Die Beiträge sollten alsbald als Textsammlung erscheinen! In ihnen steckt zu viel Kluges und Zeitloses; eine fragmentarische Darlegung würde ihnen in keiner Weise gerecht werden. Zum anderen: Darf eine durchaus subjektive Auswahl einzelner Publikationen nicht auch als Einladung gelten, sich über sie hinaus mit Klaus' Schriften zu beschäftigen?

In diesem Sinne fiel mir die Entscheidung nun leichter. Und so habe ich zwei Originalbeiträge ausgewählt, die Schnittmengen aus der persönlichen Laufgeschichte und dem fachlichen Anliegen des Autors aufweisen und dabei sein bekanntes Augenzwinkern nicht außer Acht lassen. Thematisch geht es bei den Beiträgen um Klaus' Auseinandersetzung mit dem „Paderborner Modell der Lauftherapie" und um seine Verknüpfung von „Laufen und Meditation".

Leser und Leserinnen, die der neuen Rechtschreibung mächtig sind, mögen sich bitte nicht darüber wundern, dass der zweite Artikel zum Thema „Laufen und Meditation" das ein oder andere „ß" anstelle eines „ss" enthält. Er wurde so übernommen, wie er ursprünglich im Jahre 1999 geschrieben wurde, nämlich in der sog. alten Rechtschreibung.

Laufen über alles (2012)

von Klaus Richter

Wenn Laufen zum integralen Bestandteil der eigenen Lebensführung wird, was aus gesundheitlicher Sicht begrüßenswert ist, ändern sich Perspektiven beim Betroffenen und Abläufe des Alltags erfahren geplant oder intuitiv Veränderungen. Die Dominanz des Laufens durchbricht Gewohnheiten und schafft neue. Es bilden sich laufspezifische Rituale heraus, die irgendwann einmal nicht mehr auf ihre Sinnhaftigkeit überprüft werden. Die beiden folgenden „Laufgeschichten" eröffnen Zugänge zum Laufen, die anekdotisch und nicht von der Person und Biografie des Schreibers zu trennen sind. Aus dem wettbewerbsorientierten Vereinsläufer wird ein DLZ-Läufer, der sich im steady state vorwärtsbewegt. Die Frage, ob dies altersbedingt notgedrungen oder aus Überzeugung passiert, lassen wir unbeantwortet. Wie immer gelaufen wird: ohne Motivationsschub geht es nicht. Die „Lust zum Laufen" berichtet darüber. Wie im wirklichen Leben mischen sich Ernsthaftigkeit mit Spottlust und Selbstironie. So lässt sich das „Keep on running" ertragen.

20 Jahre Aus- und Weiterbildung im Deutschen Lauftherapiezentrum (DLZ): Erinnerungen und Erlebnisse eines Zeitzeugen

Vor mehr als 20 Jahren, als ich das DLZ noch nicht kannte, gehörte ich – läuferisch gesehen – zur Gruppe der älteren Langstreckenläufer mit durchschnittlicher Begabung und durchschnittlichem Leistungsvermögen. Ich war Mitglied eines Marathonclubs und übernahm die dort üblichen Verhaltensregeln. Tägliches Training war nicht vorgeschrieben, aber es war eine Selbstverständlichkeit. Ein Tag ohne Training war ein verlorener Tag, der Nachtschlaf wurde durch nagende Schuldgefühle erheblich gestört. In der Vorbereitung auf einen Marathon – und wir waren immer in der Vorbereitung auf einen Marathon - war der Samstag der Tag des langen Laufs: 30 km am Stück.

Laufen war aber mehr als kräfteraubendes Training. Laufen war für uns eine Weltanschauung. Ich fing an, die Welt und die Menschen durch die Läuferbrille zu sehen. Natürlich wusste ich, dass die Erde eine Kugel ist, aber das interessierte mich nicht sonderlich. Interessant war lediglich die Frage, wie lange ich brauchen würde, um in Äquatornähe die Erde einmal laufend zu umrunden.

Ich kannte die übliche Einteilung der Menschen in Männer und Frauen. Aber diese Kategorien sind für einen Läufer wenig aussagefähig. Da gelten andere Maßstäbe. Es gibt Läufer, Nichtläufer und Säuglinge. Die Läufer sind die Guten, die Nichtläufer sind die Bedauernswerten, die Säuglinge sind zunächst wertneutral zu betrachten. Rechtzeitig müssen alle Maßnahmen getroffen werden, damit sie später den Pfad der Tugend einschlagen und Läufer werden. Übrigens: Wenn ich Läufer sage, meine ich immer auch die Läuferinnen.

Es gibt aber noch andere unumstößliche Regeln in der „Läuferwelt". Ein abgemagerter, fahl aussehender Läufer ist ein guter und schneller Läufer. Ein rosig aussehender Läufer mit klarem Blick und frohem Mut hat zu wenig trainiert.

Bemerkenswert ist auch das Verhältnis der Läufer zu den Ärzten. Da Laufen extrem gesund ist, werden Ärzte überflüssig. Läufer finden wir nicht in ihren Sprechzimmern, vielleicht gelegentlich einmal beim Orthopäden, der mit einer kleinen Spritze nachhilft, damit beim nächsten Wettkampf der leichte Knieschmerz nicht das Tempo beeinträchtigt.

Die Essensregeln der Läufer sind eher schlicht zu nennen. Man darf alles essen, was die Leistung aber nicht das Gewicht steigert. Übrigens Gewicht: Ein Läufer kann nie zu dünn sein. Nach der alten Broca-Regel gilt: Normalgewicht: Körpergröße in cm abzüglich 100 = kg. Idealgewicht: davon 10% abziehen. Marathonläufer: davon noch einmal 5 – 10% weniger wiegen. So einfach ist das. Wenn das Gewicht dennoch einmal steigen sollte, hielt man sich an die einfache Diät, die der Pionier der Laufbewegung, Dr. Ernst van Aaken, entwickelt hatte: Nur noch von hartgekochten Eiern und Orangensaft leben, bis das Idealgewicht wieder erreicht ist. Der Cholesterinspiegel lässt grüßen. Trinken ist überhaupt kein Thema für Läufer. Ein namhafter Laufarzt stellte zu unserer Zeit die Regel auf: Wer während eines Marathonlaufes trinken muss, ist schlecht trainiert.

Läufer achten auf ihr Outfit, besonders auf ihr wichtigstes Werkzeug: die Laufschuhe. Auch da galten zu meiner aktiven Zeit einfache Regeln: Der Profi trägt Asics; andere Marken sind für Gelegenheitsläufer reserviert.

Natürlich haben wir auch für Entspannung gesorgt. Sie bestand darin, gelegentlich auf dem Sofa zu liegen und Manfred Steffnys „Marathontraining" zu lesen.

Wir hatten natürlich auch Zukunftsperspektiven. Allerdings träumten wir nicht von Weltreisen und schnellen Autos oder einem Häuschen im Grünen. Sehnsuchtsvoll gestanden wir uns gegenseitig unsere heimlichen Wünsche: Wenn ich einmal in Rente oder Pension bin, dann endlich kann ich sorgenfrei zweimal am Tag trainieren. Auch dem Gedanken an den Tod wichen wir nicht aus. Mit etwa 92 Jahren könnte er eintreten, just nach einem erholsamen Trainingslauf würden wir ohne fremde Hilfe in die Kiste springen.

Die Wende in meinem Läuferleben kam im Jahre 1991. Ich lernte Alexander Weber und das Deutsche Lauftherapiezentrum kennen.

Voller Begeisterung meldete ich mich zum Aus- und Weiterbildungskurs 1 an. Jetzt endlich würde ich Gelegenheit bekommen, die feinsten Feinheiten des Laufens kennenzulernen. Ich witterte schon die Chance, mit neuen geheimen Tricks endlich meine beklagenswerten Wettkampfzeiten um Minütchen verbessern zu können. Es kam dann alles ganz anders. Ich will es nicht werten, nur schildern. Kurz: Meine bisherige Laufphilosophie brach in sich zusammen.

Was alles ganz anders war, will ich nur in Stichworten schildern. Gesundheitsorientiertes Laufen sieht so aus: Nicht tägliches Training, wie noch von van Aaken empfohlen, sondern wöchentlich dreimal Laufen im Sauerstoffgleichgewicht (steady state), das ist die Regel. Das gesundheitliche Optimum des Laufens liegt bei bescheidenen 30 km pro Woche, verteilt auf diese drei Laufeinheiten, evtl. sogar auf vier. Laufen nach dem Paderborner Modell ist frei von Wettbewerbsambitionen. Der Mitläufer ist nicht mein Gegner oder Konkurrent, sondern mein Gesprächspartner, auf den ich Rücksicht nehme und der auf mich Rücksicht nimmt. Rücksichtnahme ist kein Zeichen von Schwäche, sondern eine selbstverständliche Grundhaltung der Wertschätzung des anderen Menschen, der mit mir in einer Gruppe läuft.

Wer unter diesen Bedingungen läuft, erreicht seelische Ausgeglichenheit, fühlt sich vitaler und leistungsfähiger, kurz: er ist in der Lage, den unterschiedlichen Anforderungen des Lebens angemessen zu begegnen. Er ist weniger häufig krank und kann Stress besser verarbeiten. Das sind alles keine vagen Vermutungen oder Wunschträume, sondern die Ergebnisse solider Laufforschung, wie sie Alexander Weber seit dem Ende der 1970er Jahre betrieben hat. Ihm – Alexander Weber, und ihm allein – ist es zu verdanken, dass es heute gesicherte Daten über die psychotherapeutischen Möglichkeiten und Wirkungen des langsamen Dauerlaufens gibt. Seine Schüler, die an unserem Institut ausgebildeten

Laufpädagogen und Lauftherapeuten, haben in einer Vielzahl von eigenen Studien mit unterschiedlichen Adressatengruppen die Ergebnisse der Weberschen Laufforschung bestätigt.

Ganz allgemein gesprochen ist das Ziel der Lauftherapie eine Veränderung des Lebensstils. Aus dem „Bewegungsmuffel" soll ein „moderater Läufer" werden. Die „dosierte" Laufbewegung soll zum Medikament werden, das Befindlichkeitsstörungen im physischen und psychischen Bereich lindert oder gar beseitigt. Ich will keinen Zweifel daran lassen, dass es harte Arbeit kostet, Menschen zu einer dauerhaften Verhaltensänderung zu „bewegen", denn manche Zeitgenossen verstehen unter Therapie immer noch, inaktiv zu dulden, dass andere sich mit ihnen beschäftigen und Heilung wie aus einer magischen Quelle auf sie übertragen.

Sehr schnell erkannte Alexander Weber, dass seine Lauftherapie nicht in Sportvereinen und Marathonclubs vermittelt werden konnte. Eigens ausgebildete Lauftherapeuten waren vonnöten, Frauen und Männer aus psychosozialen Berufen, die bereit waren, in einer Zusatzausbildung Medizin, Physiotherapie, Trainingslehre, Psychologie und Pädagogik, Gruppendynamik und Kommunikation im Blick auf das „gesundheitsorientierte Laufen" zu studieren. Ein interdisziplinäres Team von Dozenten – immer etwa 25 bis 27 an der Zahl - übernahm und übernimmt die dafür notwenige Seminararbeit.

20 Jahre Aus- und Weiterbildung habe ich miterlebt, zunächst als Lernender, dann als Dozent und Mitglied der Aus- und Weiterbildungskommission. In der Rückschau auf diese 20 Jahre sind mir folgende Feststellungen wichtig:

1) Die Ausbildung ist deutlich theoriegeleitet. Zur Lauftherapie gehört eine sie begründende stringente Theorie. Die Praxis muss sich aus der Theorie organisch entwickeln. Kant: „Die beste Praxis ist eine gute Theorie." Die Theorie besteht allerdings nicht aus einem

Sammelsurium von Ideen, die heute so und morgen anders sein können. Die Theorie ist erfahrungsbezogen; sie muss sich immer wieder in der Praxis bewähren. Lauftherapie wird – und das unterscheidet sie von anderen Modellen des Laufens – nie nach Kochbuchart in griffigen Rezepten verordnet. Lauftherapie besteht nicht im Einüben von reflexionsarmen Werkregeln.

2) Die Ausbildungsinhalte sind nie fertig. Das Curriculum unterliegt der ständigen Überprüfung und – wenn notwendig – der Revision.

3) Der Laufpädagoge, der Lauftherapeut, ist der Agent, der im dynamischen Prozess der Lauftherapie Wege zu einem neuen Lebensstil aufzeigt. Er ist nicht der Trainer, der am Rande des Geschehens mit Stoppuhr und Megaphon steht und gelegentlich mit Anweisungen eingreift. Er ist – und das nicht nur im soziologischen Sinn – „teilnehmender Beobachter". Als solcher läuft er in der Gruppe mit. Er nimmt im pädagogisch-therapeutisch-mitfühlenden Sinn Anteil am einzelnen Klienten. Ein guter Lauftherapeut verhält sich wie ein Arzt, der das Medikament, das er seinen Patienten verordnet, selbst zu sich nimmt.

4) Oft wird behauptet, der langsame Dauerlauf sei ein nebenwirkungsfreies Medikament. Diese Behauptung ist so faszinierend wie falsch. Jedes wirksame Medikament hat Nebenwirkungen, auch das Laufen. Dr. Dieter Kleinmann, ein erfahrener Laufarzt, hat ein ganzes Buch darüber geschrieben – Titel: Laufnebenwirkungen. Die richtige Dosierung des Medikaments Laufen gehört in die Hände von hochqualifizierten Fachleuten; das sind die vom DLZ ausgebildeten Lauftherapeuten. Mein Hausarzt sagt immer: „Ich kann Ihnen für jede Krankheit ein nebenwirkungsfreies Medikament verschreiben. Es hat nur einen Nachteil: es hat keine Hauptwirkung."

5) Lauftherapie wirkt für sich. Sie ist nicht ergänzungsbedürftig. Aber sie ist ergänzungsfähig. Das zeigt sich deutlich in dem von Alexander Weber entwickelten Konzept der „systemischen Lauftherapie", das den neuesten Stand der Entwicklung in der Lauftherapie darstellt. In diesem ganzheitlichen Konzept verbinden sich läuferische Grundfähigkeiten, sogenannte Fitnessstufen, mit anderen lebensstilprägenden positiven Elementen wie gesunde Ernährung, hinreichende Entspannung und Einübung von hilfreichen Anregungen zur gelingenden Lebensführung. Die so entstehenden Synergieeffekte unterstützen positiv die therapeutischen Prozesse.

6) Eine eigene Kommission, die sogenannte Aus- und Weiterbildungskommission des DLZ, ist eine ständige, vom DLZ-Vorstand alle zwei Jahre neu zu wählende Einrichtung, in der Unterrichtsinhalte, neue Tendenzen in der Laufbewegung und Prüfungsmodalitäten überprüft werden. Wo nötig, werden neue Konzepte entwickelt und dem Vorstand empfohlen.

Lassen Sie mich zum Schluss noch etwas Grundlegendes zum Denkansatz der Weberschen Lauftherapie anmerken. Wenn wir richtigerweise davon ausgehen, dass in jedem Menschen gesunde und kranke Aspekte vorhanden sind, dann gibt es zwei verschiedene Weisen, damit umzugehen. Die sogenannte Pathogenese setzt bei der Krankheit an, beschreibt ihre Entstehung und die Möglichkeiten, das Leidensgeschehen, die eingeschränkte individuelle Handlungsfähigkeit, zu mildern oder zu beseitigen. Die Salutogenese, verbunden mit dem Namen Aron Antonovsky, setzt anders an. Sie geht aus von einem dynamischen Gefühl des Vertrauens, fragt nach den gesunden Anteilen im Menschen und hebt und stärkt die Ressourcen im Menschen, die ihn befähigen, Anforderungen zu begegnen. Das ist der Ansatz der Lauftherapie.

Ein Beispiel mag verdeutlichen, was gemeint ist: Ein älterer Herr meldet sich zur Teilnahme am Laufkurs an. Vor uns steht ein mittelgroßer Mensch mit deutlichem Bauchansatz, erkennbaren Plattfüßen, deutlichem Haarausfall und leicht schielendem Blick. Ein pathogenetisch ausgerichteter Therapeut würde ihn mit kritischem Blick mustern, ihm zur Kaschierung des Bauchansatzes ein strammes Korsett empfehlen, für die Plattfüße entsprechende Schuheinlagen verordnen, ihm behilflich sein beim Kauf eines Toupets und eine entsprechende Brille zur Korrektur des lästigen Schielens vorschlagen.

Anders handelt ein salutogenetisch geprägter Lauftherapeut beim Anblick dieses Mängelwesens. Er lächelt den Klienten an, schlägt ihm aufmunternd auf die Schulter und sagt: „Junge, jetzt wollen wir mal miteinander laufen und miteinander gucken, was so alles an verborgenen Kräften in dir steckt." Sehen Sie, das ist Lauftherapie nach dem Paderborner Modell. Positiver Realismus. Nicht zu verwechseln mit dem sog. „positiven Denken", das reiner Etikettenschwindel ist.

„Die Lust zum Laufen" oder „Die Bekenntnisse eines gelegentlich Lustlosen"

Ein Reporter befragte mich nach dem Konzept unserer Lauftherapeutenausbildung.

Eine kurze Antwort erbat er. Ich: „Unsere Seminarteilnehmer lernen, wie man in Menschen die Lust zum Laufen weckt und erhält." Sah ich nicht Bewunderung in seinen Augen? Hatte jemals jemand so prägnant und knapp das Anliegen einer Außenseitergruppe formuliert? Dennoch: Ich geriet ob meiner Antwort in nachdenkliche Selbsterforschung. „Lust zum Laufen", wie ist das eigentlich bei mir?

1) Ich frage einen Fitnessguru. Wie schreibt er doch so treffend: Morgens, wenn der Wecker aus erholsamem Nachtschlaf in den jungen Tag uns ruft, zaubern die Laufschuhe, ganz nahe am Bette stehend und allzeit bereit, ein Lächeln auf unser Antlitz. Hurtig schlüpfen wir in sie hinein und hinaus geht es zur frohen Runde in Wald und Flur. – Ach ja. Traurig schaue ich auf mein morgendliches Erwachen. Erwachen? Eher ein Akt der Auferweckung, mühseliges Ingangbringen knarrender Gelenke, allein gesteuert von hoffnungsvoller Erwartung auf Müsli und grünen Tee. Lust zum Laufen? Jetzt nicht – so nicht!

2) Jetzt hab ich's. Die Natur ist es sicher, die mich lockt, sie laufend neu zu erleben. Das satte Grün der Blätter, die Ente im Teich, der Frosch im morastigen Boden, das Veilchen im Verborgenen. – Aber, Hand aufs Herz: Was erlebe ich wirklich, wenn ich elfengleich leicht den Wald durcheile? Schemenhaft flüchtig – tempobedingt – ziehen die Wunder der Schöpfung an mir vorbei, eher erahnt als erlebt und gesehen. Lust zum Laufen? So nicht!

3) Zum Glück, da fällt mir ein: Ich bin ja ein Mann. Und was ist die hervorstechendste Eigenschaft des Mannes? Richtig! Seine Eitelkeit. Laufen: eine gute Gelegenheit einer staunenden Öffentlichkeit zu zeigen, wie der sportliche Oldie sich artgerecht kleidet:

- die kanarienvogelgelbfarbigen Wettkampfschuhe

- die blau-gelben Sommertights

- das modische T-Shirt mit der markigen Aufschrift „20 Jahre Laufworkshops Dornumersiel mit Alexander Weber"

- nicht zu vergessen die uralte gelbe Basketball-Mütze, die meine Frau so sehr liebt.

Das lohnt. Lohnt es sich wirklich? Was nehmen die Menschen denn wahr, wenn ich über den Asphalt unserer Dorfstraßen brettere? Nicht viel. Wahrscheinlich so viel wie die Zuschauer am Nürburgring von den Schriftzügen auf Sebastian Vettels Rennwagen. Ist es da nicht besser, sich allmorgendlich in voller Laufmontur in die Warteschlange beim Bäcker einzureihen. Da kann sich jeder in Ruhe und detailgenau an meinem Anblick laben. Geschickt kann ich auch die neugierigen Blicke auf meine Uhr lenken, „TIMEX IRONMAN". Da wissen die Leute, wen sie vor sich haben. Die jahrzehntealte Uhr - schon damals von meinen noch taschengeldabhängigen Söhnen süffisant belächelt (Vatta, ein Ironman?) - verbindet mich auch mit einer großen Person der Zeitgeschichte. Bill Clinton, der ehemalige amerikanische Präsident, trägt just dieses Modell beim Joggen und auch sonst. Also: Lust zum Laufen, des Outfits und der Eitelkeit wegen? Eigentlich nicht!

4) Lust zum Laufen. Ich muss der Sache auf den Grund gehen. Frage ich doch einfach die Experten. Zunächst den Lauf-Altmeister Emil Zatopek, die tschechische Lokomotive. „Fisch schwimmt, Vogel fliegt, Mensch läuft." Und weil das nicht genügt, will ich noch den amtierenden Laufpapst Alexander Weber hören. „Der Mensch ist ein Lauftier." Aha, jetzt begreife ich, worum es geht: Der Mensch ist seinsmäßig – „ontologisch", wie die Philosophen sagen – zum Laufen bestimmt. Mensch sein heißt Läufer sein.

Doch schon wieder kommen mir Zweifel. Las ich doch neulich in einer Zeitschrift, dass der Mensch im Laufe seines Lebens immer kleiner wird und im Alter einige Zentimeter an Größe verloren hat wegen des ständigen Stehens, Gehens und Laufens. Wissenschaftlich erwiesen ist inzwischen auch, dass wir beim einstündigen Mittagsschlaf, in der horizontalen Ruhelage also, kurzfristig unsere ursprüngliche Größe wieder erreichen. Lust zum Laufen, um menschlich zu wachsen und groß zu werden? Überflüssig! Der Mittagsschlaf tut es auch.

5) Ich werde unruhig. Was zieht mich denn wirklich so regelmäßig laufend aus dem Haus? Irgendeine Lust muss es doch sein. Wir tun nichts ohne Grund. – Ich hab's herausgefunden. Ein schmales Büchlein, bescheiden eingebunden, ist es, das mich treibt. Laufliteratur? Nein, nein, bewahre! Ein Kalender ist's, mit leeren Blättern, die TAG FÜR TAG darauf warten, dass ich sie beschrifte, sorgfältig und genau:

- gelaufene Strecke in Kilometern

- Gesamtzeit

- Zeit pro km

- Gewicht vor dem Lauf

- Gewicht nach dem Lauf

- usw.

Heute laufe ich nicht. Da blickt es mich an, das schwarze Buch, das weiße Blatt des Tages, vorwurfsvoll traurig. Soll das mein Schicksal sein? Leer und weiß einzugehen in das Grab der Geschichte, jungfräulich farblos, schnell vergessen, namenlos? Das zerreißt mir das Herz. Da packt mich die Lust. Mit einem Freudenschrei stürze ich mich in meine Nikies und hinaus geht es. Kilometerfressend bohre ich mich in die Ferne. Kaum zurück, noch nicht geduscht, greift die zitternde Hand zum Büchlein und geschrieben wird, was war und wie viel und wie schnell. Und so geht es Tag für Tag.

Und dann Silvester. Die anderen sitzen da mit punschgeröteten Gesichtern und erwarten das „Neue Jahr". Ich nicht. Es gibt zu rechnen, zu addieren, zu multiplizieren, zu dividieren. Jahressoll erreicht? Vorjahreswerte vergleichen! Durchschnittswerte ermitteln! Bei der wievielten Erdumrundung in Äquatornähe bin ich angelangt? Und dann, o Graus: 1,75 km fehlen am Jahressoll. Noch schnell hinaus in die klirrende Kälte. Defizit aufarbeiten!

So stehen sie da, die kleinen Bändchen, sorgfältig etikettiert und archiviert. Harte Daten eines langen lustvollen Läuferlebens, Dokumente gegen den Strom des Vergessens, unerschöpfliche Quellen für die forschende Jugend, lustvolle Lektüre für die Enkel und deren Kinder. Ich hör' sie schon sprechen: „So schnell war er, der Urahn! Kaum zu glauben." „So viel ist er gelaufen! Erstaunlich! Erstaunlich!"

Laufen: warum und wozu? Nutzloses Fragen. Ich halte es mit Nike: „Just do it!"

Gesundheit durch Laufen und Meditation (1999)

von Klaus Richter

1. Der Weg auf den Berg

Ein Mann in der Lebensmitte zieht Bilanz. Sie fällt nicht zu seinen Gunsten aus. Das streßreiche Arbeitsleben zehrt an seinen Kräften. Versagensängste und Depressionen bedrohen wie dunkle Wolken seine Tage; der nächtliche Schlaf ist unruhig und kurz. Leer und unerfüllt erscheint ihm sein Leben, sinnlos, zerrieben zwischen Wunsch und Wirklichkeit. Mit der Gesundheit steht es nicht zum Besten: Bohrender Kopfschmerz wird immer häufiger zum Signal körperlicher und seelischer Überlastung und Gespaltenheit.

Er beschließt, dem Leiden ein Ende zu machen und sucht einen berühmten Meister und Lehrer auf mit der Bitte, ihm die Erleuchtung zu übertragen. Er wird als Schüler angenommen und hält sich genau an alle Anweisungen. Diszipliniert übt er sich in den Techniken der Versenkung und Innenschau, aber der Erfolg bleibt aus. Sein Leben bleibt unerfüllt wie zuvor. Zweifel tauchen auf an der Kompetenz des Lehrers, der sich in Schweigen hüllt.

Enttäuscht verläßt unser Mann seinen Lehrer. Einen letzten Versuch will er wagen, einen hohen Berg besteigen. sich dort in eine einsame Höhle zurückziehen. um durch noch strengere Übung das Ziel der Erleuchtung zu erreichen.

Knapp unterhalb des Berggipfels begegnet er einem alten Mann mit einem Bündel Reisig. der ihn fragt, wohin er unterwegs sei. Unser Mann erzählt dem Alten seine Geschichte und fragt ihn, ob er ihm sagen könne, wie die Erleuchtung zu erreichen sei. Der Alte schaut ihn nur an und läßt sein Reisigbündel fallen. In diesem Augenblick passiert dem Fragesteller das, was das Ende vieler solcher Geschichten ist. Er begreift und erfährt Erleuchtung.

Zur neuen Sicht befreit, sieht er sich um und genießt in vollen Zügen den wundervollen Ausblick in die Weite. Als er sich schließlich wieder gefaßt hat, kehrt sein Blick zu dem Alten zurück: „Und nun?" Da bückt sich der Alte, nimmt sein Bündel wieder auf die Schulter und steigt den Berg hinab.

Die paraphrasierte Geschichte aus der Tradition des ZEN-Buddhismus ist ein typischer Erfahrungsbericht zum Grundthema Leiden und Heilung. Er könnte auf je verschiedene Weise nachgeschrieben werden von Menschen, die es gewagt haben, sich im Heilungsprozeß auf die eigene Tiefe einzulassen und ihren Kräften zu vertrauen. Der Suchende findet schließlich, weil er sich auf den Weg begibt.

2. Die Sehnsucht nach Heilung

Mit der Sehnsucht nach tiefgreifender Verwandlung der eigenen Lebenssituation, die den Mann in unserer Geschichte antreibt, können sich viele Zeitgenossen identifizieren. Sie kommen in unsere Lauftherapie- und Meditationskurse: Menschen, die erfüllt sind von einem Gefühl der Unzulänglichkeit, dem Gefühl, mit dem eigenen Leben nicht mehr fertig zu werden; Menschen, die verwirrt und unsicher geworden sind, verfangen In ihren Lebensproblemen, ohne ausreichendes Energiepotential, um Streß, Ängste und Depressionen abbauen zu können.

Generalisierter Ausdruck ihrer schwierigen Lebenssituation ist oft eine erkennbare Vitalitätsschwäche, ein Zustand resignativer Erschöpfung. In Konfliktsituationen sind sie nicht in der Lage, spontan und realitätsbezogen zu handeln.

Sie unterziehen sich mannigfaltigen Therapien und erwarten von ihren Therapeuten - wie der Mann in unserer Geschichte von seinem Lehrer -, daß sie Gesundheit, Glück und Wohlbefinden aus einer magischen Quelle schöpfen und auf sie übertragen. Es dauert uns allen oft zu lange, bis wir erkennen, daß die Quelle der Heilung in uns selber zu finden ist.

Lauftherapie und Meditation knüpfen an diese Erkenntnis an. Es ist heute unbestritten, daß sowohl Meditation als auch regelmäßig durchgeführte Ausdauerübungen, wie der langsame Dauerlauf, therapeutische Wirkungen haben und insbesondere als Ergänzung zur traditionellen Psychotherapie angewandt werden können (Carrington 1988, 253; Weber 19903. 6). Bei gleichen oder zumindest vergleichbaren Wirkungen muß es Gemeinsamkeiten zwischen den Konzepten geben. Was verbindet den Menschen, der moderat läuft. mit jenem, der etwa in der ZEN-Meditation mit aufrechter Wirbelsäule völlig regungslos dasitzt und durch aufmerksames Beobachten seines Atems sich darin übt. die Bewußtseinsbewegungen zu beruhigen?

Diese scheinbaren Gegensätze - die Bewegung des Laufens und die Unbewegtheit der Meditation - ergänzen einander als urmenschliche Erfahrungswege, die vergleichbare Energien im Menschen freisetzen. Vitalität und Wohlbefinden nehmen zu, Ausgeglichenheit und innere Balance stellen sich ein, und Selbstheilungskräfte werden aktiviert.

Daraus ergeben sich Fragen nach gemeinsamen strukturellen Elementen und Wirkungszusammenhängen.

Auf einige Fragen will ich näher eingehen. Ich beziehe mich dabei u.a. auf die in meinem Praxisbericht „Meditation und Laufen" (Richter 19953) dargestellten Zusammenhänge, auf Beobachtungen in Workshops zum Thema „Fasten, Laufen, Meditation" mit Laufkursteilnehmern und einen Meditationskurs mit Lauftherapeuten in der Ausbildung.

Ich greife auch zurück auf meine eigenen Erfahrungen als Läufer und Meditierender. Wenn nicht ausdrücklich andere

Meditationsformen genannt werden oder von Meditation allgemein die Rede ist, beziehen sich meine Ausführungen auf die ZEN-Meditation. Meine Laufkursteilnehmer, die an die Meditation herangeführt wurden oder bereits länger meditierten, und ich selbst haben diese Form der ungegenständlichen Meditation praktiziert.

3. Ganzheitlich heilen durch Laufen und Meditation: zwei Therapiekonzepte

3.1 Therapeutisches Laufen

Das gesundheitlich wirksame Laufen unter Ausdauerbedingungen ist nach Lange „eine zyklische, von einem starken Rhythmuselement geprägte Bewegungsform monotonen Charakters ohne nennenswerte technische Anforderungen" (Lange 1991, 67).

Die Belastung, die grundsätzlich frei gewählt werden kann, ist dann richtig, wenn der Läufer den Lauf als „komfortabel" empfindet etwa im Sinne eines „mittleren Schwierigkeitsgrades". Sich nicht über ein zuträgliches Maß hinaus zu belasten, ist ein wichtiger Grundsatz für eine harmonische Lebensordnung. Die buddhistische Philosophie spricht in diesem Zusammenhang von der "Weisheit des mittleren Weges". Eine zu hohe Laufgeschwindigkeit ist autodestruktiv. Das hohe Tempo „tötet". Ist dem Tempo zu langsam, bleiben die gewünschten positiven Wirkungen aus. „Listen to your body!" ist eine Verhaltensregel, die der Läufer stets beachten soll. Der subjektiv ideale Belastungsgrad ist dann erreicht, wenn die Laufübung zwischen "mäßig" und „schwer" als „etwas schwerer" eingeordnet wird (vgl. Ornish 1992, 451).

Die so verstandene moderate Ausdauerbewegung ist Grundlage der Therapie, die das Deutsche Lauftherapiezentrum (DLZ) nach einem Vorschlag des Arztes Richard Ammenwerth wie folgt definiert: „Lauftherapie ist eine unspezifische Ganzheitstherapie für

Störungen im organischen und psychischen Bereich, die sowohl präventiv als auch therapeutisch eingesetzt werden kann. Die Indikationen ergeben sich aus den jeweiligen Fachbereichen der Medizin und der Psychologie" (Grell 1993, 17).

Das Wort „unspezifisch", das leicht mißverstanden werden kann, bezeichnet hier ein breites Wirkungsspektrum. Wer mit einer Lauftherapie eine bestimmte Krankheit behandelt, behebt eventuell gleichzeitig andere Störungen, die er vorher gar nicht im Blick hatte. Nicht zuletzt wird das Immunsystem allgemein positiv stimuliert. Die Selbstheilungskräfte werden auf den Plan gerufen.

Eine verheiratete Frau im mittleren Lebensalter hatte sich bei mir zum Lauftherapiekurs angemeldet, um ihr Übergewicht zu reduzieren. Nach zwölf Wochen hatte sie Gewicht verloren, leider zu wenig. weil sie ihre alten Ernährungsgewohnheiten noch beibehalten hatte. Wesentlich gebessert hatten sich andere Beschwerden: ihre Schlafstörungen traten seltener auf, ihre Unrast und Nervosität, unter denen besonders ihre Kinder zu leiden hatten, waren einer neuen Gelassenheit und Sicherheit gewichen.

Die Lauftherapie ist eine Ganzheitstherapie, weil „sowohl körperorientiert als auch personen- und sozialbezogen gearbeitet wird, wobei stets der ganze Mensch in seiner körperlichen und geistigen und emotionalen Gestalt im Blickpunkt sein sollte - ..." (Weber 1993, 21). Die Behandlung berücksichtigt, daß im Krankheitsgeschehen selbst physische, mentale und emotionale Faktoren am Werke sind.

Laufen als Therapie ist nicht wettbewerbsorientiert. Der Klient erbringt in der Lauftherapie eine kontinuierliche Leistung; diese hat aber nichts zu tun mit Ehrgeiz, Konkurrenzdruck, Atemlosigkeit und Erschöpfung. Der Klient soll sich am Ende der Laufübung gestärkt und erfrischt fühlen. Seine Leistung besteht wesentlich in der "Treue" zur "regelmäßigen Übung". Die läuferische Leistung wird nicht gemessen im Vergleich mit anderen; die eigene Leistung im „Vorher-Nachher-Vergleich" ist der Maßstab.

Geprüfte standardisierte Laufprogramme sind das Instrument, mit denen der Lauftherapeut arbeitet (vgl. Bartmann 1991; Weber 1987; Weber 1991). Die Zeitprogramme sind methodisch so aufgebaut, daß Lauf- und Gehphasen an den Übungstagen einander ablösen. Mit fortschreitender Laufkompetenz wird die Laufbelastung gesteigert. Ein Zwölf-Wochen-Plan für Laufanfänger geht z.b. von drei Laufterminen wöchentlich aus und zielt an, daß in der zwölften Woche 30 Minuten ohne Pause gelaufen wird. Die Programme sind flexibel und modifizierbar. Sie können der konkreten Gruppe so angepaßt werden, daß alle Teilnehmer ohne Zeichen von Überforderung mitmachen können.

Entscheidend für den Mann in unserer Ausgangsgeschichte ist, daß er sich aus seiner bedrückenden Situation heraus auf den Weg macht, daß er in Bewegung kommt und den Anstieg bis unter den Berggipfel durchhält, ohne atemlos zu werden. „Wenn nichts mehr läuft, dann lauf!"

3.2 Meditation als Therapie

Ähnlich wie die Lauftherapie wirkt die Meditation im Heilungsprozess als unspezifische Ganzheitstherapie. Sie ist dann besonders wirksam, „wenn sie als Teil eines gesamten Psychotherapieprogramms eingesetzt wird, das speziell auf den individuellen Klienten zugeschnitten ist. Sie kann ein primärer, sekundärer oder ergänzender Teil jedes Therapieprogramms sein" (Deatherage, 1988, 183).

Carrington vertritt die Auffassung, daß im Vergleich zur Psychotherapie Veränderungen, die durch die Meditation bewirkt werden, oft eher im Sinne von unspezifischen Umstellungen zu begreifen sind, die auf einer allgemeinen Ebene positive

Persönlichkeitsmerkmale verstärken: dabei können spezifische innere Konflikte und deren Lösungen unberührt bleiben (vgl. Carrington 1988, 266).

In Meditationsgruppen wird immer wieder die Erfahrung gemacht, daß Veränderungen in der Lebenseinstellung von Meditierenden (zunehmende Gelassenheit und emotionale Sicherheit, realistische Einschätzung von Chancen und Risiken, Offenheit gegenüber Veränderungen) als direkte Folgen des planmäßigen Übens andere therapeutische Interventionen überhaupt erst ermöglichen. Ein Klient in einer meiner Lauftherapiegruppen hatte z.b. erst in der später aufgenommenen Meditation die Bereitschaft entwickelt, seine ungelösten seelischen Konflikte und seine depressive Verstimmtheit psychotherapeutisch behandeln zu lassen. Die Meditation war in diesem Fall im Vorfeld wirksam geworden; sie hatte - bildlich gesprochen - den Boden gelockert und ihn aufnahmefähig gemacht.

Die Techniken der verschiedenen meditativen Traditionen haben ihren Platz in der therapeutischen Praxis gefunden. Die ursprünglichen Einwände gegen die zunächst als exotisch und esoterisch bezeichneten Methoden und Bedenken gegen ihre wissenschaftliche Überprüfbarkeit verstummen allmählich, nicht zuletzt aufgrund der überzeugenden Ergebnisse systematischer Meditationsforschung.

Für die ZEN-Meditation. die in der Tradition des japanischen Buddhismus steht. ist das „richtige Sitzen" in der „Stille" konstitutives Element. Die Bezeichnung dafür lautet ZA-ZEN (= gesammelt sitzen). Die Grundform des Sitzens ist der Lotossitz (Sitz auf dem Boden mit überkreuzten Beinen); abgewandelte Formen (halber Lotossitz, Hanka, burmesischer Sitz, Fersensitz etc.) sind möglich und vergleichbar wirkungsvoll.

Der Meditationsvorgang selbst - das zeigen die Sinnelemente des lateinischen Verbs „meditari" an - ist ein Weg des planvollen Übens, der nach innen gerichtet ist und im Dienst der „Sinnsuche" steht. Meditation als „Sinnsuche" zeigt an, daß es sich letztlich um eine spirituelle Praxis handelt, um die Vereinigung des Menschen mit dem ihm innewohnenden Göttlichen.

Im ersten Schritt auf dem Weg nach innen erfährt der Meditierende nach einiger Zeit des Übens innere Ausgeglichenheit. Der Entspannungsreflex wird ausgelöst. „Der Körper kommt zur Ruhe, der Atem wird gleichmäßig und ruhig, seelische Verspannungen und Erregungen pendeln sich aus, das Bewußtsein gerinnt zu einem gleichmäßigen Strom. Alltäglicher Lärm, der von außen eindringt und auch von innen nach außen quillt, verebbt allmählich" (von Brück 1995, 62).

Im zweiten Schritt wird der Meditierende mit der eigenen Lebenssituation, den nicht aufgearbeiteten Erfahrungen und inneren Blockaden konfrontiert, und die eigentliche Arbeit beginnt: das Loslassen. Michael von Brück, mein Meditationslehrer, spricht in diesem Zusammenhang von der Meditation als von der Übung des Aufhörens (vgl. von Brück 1995, 62).

Was muß aufhören?

- das dualistische Denken und das damit verbundene Urteilen: gut - schlecht, angenehm - unerfreulich, liebenswert - hassenswert usw.,

- das Anhaften an Erinnerungen und Plänen, d.h. die ständige Beschäftigung mit der Vergangenheit, die nicht mehr zu ändern ist, oder mit der Zukunft, die sich unserem Zugriff entzieht,

- die Ichbezogenheit und das Denken in den Kategorien von Wettbewerb und Leistung,

- alles, was uns davon abhält, bewußt im gegenwärtigen Augenblick zu leben.

In dem Maße, wie der Prozeß des Loslassens gelingt, der oft alle psychischen und physischen Kräfte bis zur Erschöpfung einfordert, reinigen und ordnen sich die Tiefenschichten des Übenden. Jetzt ist Heilung möglich.

Im Bild unserer ZEN-Geschichte ausgedrückt ist es genau jener Augenblick, in dem der Alte vom Berge sein Bündel Reisig, das stellvertretend alle existentiellen Belastungen und Hindernisse repräsentiert, ablegt und der Ratsuchende wie vom Blitz getroffen erkennt und verwandelt wird.

3.3 Atmung und Körperhaltungen

Der für das Meditieren entscheidende Prozeß des Loslassens wird ermöglicht durch die konsequente Arbeit mit dem Atem, die darin besteht, ganz auf Kontrolle zu verzichten und nur in einer Form passiver Aufmerksamkeit den Atemrhythmus zu beobachten, der von Mensch zu Mensch verschieden ist. Selbst wenn Meditationslehrer Anfängern als Konzentrationsübung empfehlen, die Atemzüge zu zählen, liegt darin kein Element von bewußter Steuerung. Der Meditierende bleibt in der Rolle des Beobachters, der nicht in das Geschehen eingreift. Die Tiefenatmung aus der Bauchmitte entsorgt den „Gedankenmüll"; alles, was losgelassen werden muß, wird gleichsam mit dem Ausatmen in den Boden abgeatmet.

Ein direkter Vergleich mit der Atmung beim therapeutischen Laufen bietet sich an. Besondere Atemtechniken, etwa auch ein bestimmtes Atem-Schritt-Verhältnis, sind überflüssig, wenn generell darauf geachtet wird, daß der Läufer entspannt atmet und das betonte und tiefe Ausatmen etwas länger ist als das Einatmen.

Der Bauchatmung ist gegenüber der Brustatmung der Vorzug zu geben (vgl. Kleinmann 1996, 69f).

Ein Lauf ist dann therapeutisch wirksam, wenn der Läufer sich von seinem Atem tragen läßt, wenn er keine Sauerstoffschuld eingeht. also im aeroben Bereich läuft. Die Kommunikation mit dem Nachbarn muß möglich sein. „Laufen ohne zu schnaufen", lautet die einprägsame Kurzformel.

Für beide Therapiekonzepte gilt: der Atem wird nicht "gemacht", sondern „zugelassen"; er wird nicht „kontrolliert", sondern „beobachtet"; er wird nicht "manipuliert", sondern in der Weise, wie er sich "einstellt", „erfahren".

Die Mehrzahl der Teilnehmer in Lauftherapie- und Meditationskursen zeigen zunächst das für unsere Industrie- und Leistungsgesellschaft geringe Atemniveau, das gekennzeichnet ist durch flaches Ein- und Ausatmen. Lauftherapie kann hier regulierend eingreifen und durch maßvoll ansteigende Belastung die Atmung gleichsam „mitnehmen" und zunehmend verbessern. Dies ist umso schwieriger, je ausgeprägter bereits körperliche Fehlhaltungen und Verspannungen sind, z.B. bei Menschen mit psychischen Vorerkrankungen, ausgeprägten Zustandsängsten und körperlichen Deformationen.

Für das Gelingen von Lauf- und Meditationsübungen sind Körperhaltungen von Bedeutung, die den eigentlichen Prozeß wirksam unterstützen. Für den Läufer gelten nur wenige Grundregeln:

1. Wir laufen mit geringfügig vorgebeugtem Oberkörper oder aufrecht. Wer sich zu weit nach vorn oder nach hinten beugt, überanstrengt die Rumpfmuskulatur und verkrampft sich.

2. Der Kopf bleibt aufrecht, der Blick ist geradeaus auf die Strecke gerichtet.

3. Bei längeren Laufstrecken wird der Fuß zunächst mit der Ferse aufgesetzt und dann über den ganzen Fuß abgerollt, damit keine Energie vergeudet wird.

4. Die Laufhaltung soll locker sein. Die leicht angewinkelten Arme schwingen parallel zum Körper bzw. zur Laufrichtung. Die Hände bleiben locker und werden nicht zur Faust geballt (vgl. Kleinmann 1988, 15 f.).

Mit zunehmender Lauferfahrung automatisieren sich die technischen Abläufe. Die Freude an der Bewegung stellt sich ein. Die Ausdauerbewegung kann ihre wohltuenden Wirkungen entfalten.

Für Körperhaltungen in der Meditation gibt es je nach Lehrtradition unterschiedliche Anweisungen. Für die ZEN-Meditation ist kennzeichnend das gesammelte aufrechte Sitzen auf einem Stuhl oder Hocker, einem Meditationsbänkchen oder auf einem festen Meditationskissen. Wichtig ist, daß der Meditierende guten Kontakt zum Boden hält (grounding).

Der Oberkörper wird aus dem Becken heraus aufgerichtet, der Kopf sitzt auf der verlängerten Rückenwirbelsäule. Die Nasenspitze befindet sich in einer Linie mit dem Bauchnabel. Der Bauch selbst wird freigegeben. Im Rücken- und Schulterbereich dürfen keine Verspannungen auftreten. Gegebenenfalls muß die Haltung immer wieder leicht korrigiert werden.

Die geöffneten Hände werden locker ineinandergelegt. die linke Hand ruht in der rechten. Die nach oben gespreizten Daumen berühren sich sanft. Die Augen bleiben spaltbreit geöffnet, und der Blick ruht auf einem Punkt am Boden etwa einen Meter entfernt. Auf diese Weise soll verhindert werden, daß der Meditierende schläfrig wird und vor sich hindöst. Meditation ist wache Präsenz.

ZEN-Meister ermahnen ihre Schüler energisch - gelegentlich mit Stockschlägen, durch die die Muskulatur entkrampft wird - zur richtigen Haltung, denn von ihr hängen Wachstum, Reifung und Heilung ab. Nur wer mit dem Körper und nicht gegen ihn meditiert, kann seinen Geist befreien. Der aufgerichtete Körper ist das Instrument, die Leiter, die Himmel und Erde verbindet, die überzeitliche Bestimmung des Menschen und seine Verwurzelung im Hier und Jetzt.

3.4 Kontinuierliches Üben

Ein gemeinsames prägendes Element für Laufen und Meditation ist die „Übung". Wer den langsamen Dauerlauf erlernen will, muß sich auf den Weg des kontinuierlichen Übens begeben. Im Lernen, Üben, Erleben, Erfahren entwickeln sich die physischen und psychischen Anpassungsprozesse, die in der Therapie angestrebt werden.

Auch für die Meditation ist die permanente Übung unabdingbare Voraussetzung. Langsamer Dauerlauf und Meditation vollziehen sich als Prozesse, die Veränderungen bewirken. Diese können in der Besserung einzelner pathologischer Zustände bestehen; im Idealfall führen sie zu einer konsequenten Neuorientierung im Lebensstil des Übenden.

Am Anfang des Übungsweges steht die Entschlossenheit, bei der Sache zu bleiben. Beim Laufen und beim Meditieren bringt ein „kurzer Flirt" gar nichts, es muß schon eine „dauerhafte Liebe" sein. Die Übungsprinzipien „Regelmäßigkeit" und "Wiederholung" sichern den Erfolg.

Weber formuliert in seinem Trainingsprogramm den Vorsatz: „Ich verbessere durch regelmäßiges Laufen mein körperliches und seelisches Wohlbefinden" (Weber 1987, o.S.). In der Meditation ist Regelmäßigkeit Ausdruck der Treue zum einmal gewählten Übungsweg, der als richtig erkannt wurde

Was heißt „regelmäßig" in der Lauftherapie? Eine grobe Orientierung liefern uns die Mediziner und Laufexperten Kenneth Cooper und George Sheehan, deren Anregungen ich an meine Kursteilnehmer weitergebe.

Cooper empfiehlt einen Wochenumfang von 20 bis 25 km, verteilt auf drei bis vier Tage, zur Förderung von Fitneß und Gesundheit. Er rät generell zur Mäßigung.

Sheehan bleibt ähnlich zurückhaltend. Er hält zwei bis drei Stunden reine Laufzeit wöchentlich, verteilt auf drei bis vier Trainingstage, für völlig ausreichend. Wer diese Grenze überschreitet, hat in der Regel nicht nur das Gesundheitsmotiv im Sinn.

Die Devise des Laufpioniers Ernst van Aaken, täglich eine Stunde langsam zu laufen als Medizin für alle, halte ich im Lichte neuerer Erkenntnisse nicht mehr für aktuell (vgl. Weber 1990b, 42).

Die Übungsempfehlungen in der Meditation sind je nach Lehrtradition unterschiedlich. In der ZEN-Tradition, in der ich ausgebildet wurde, ist es üblich, für die Alltagspraxis täglich zwei 25minütige Meditationseinheiten morgens und abends vorzusehen. Dazu kommen in regelmäßigen Abständen intensive Übungswochen (Sessbins) mit täglich mehreren Stunden formaler Meditation unter der Anleitung eines erfahrenen Lehrers.

Das Übungsprinzip „Wiederholung" bedeutet beim Laufen und in der Meditation, daß Zyklen von recht einfachen Bewegungen und Körperhaltungen immer wieder detailgenau praktiziert werden. Die eigentliche Übung beginnt, wenn man das Geübte bereits kann, und besteht in der dauernden Wiederholung. Gelegentlich wird beobachtet, daß sich im Vollzug von konsequenten Wiederholungsvorgängen, wenn sie lange genug andauern, tranceartige Zustände einstellen. Der Übende steuert die Vorgänge jetzt nicht mehr vom Willen her. Er erlebt sich gleichsam als Zuschauer. der nur noch registriert, was mit ihm geschieht.

Es im seit langem bekannt. daß sportliche Disziplinen und Übungswege im Stile der ZEN-Meditation verwandte Elemente einsetzen, oft sogar sich verbinden und gegenseitig positiv verstärken. Eugen Herrigels Buch „Zen in der Kunst des Bogenschießens" ist ein inzwischen allgemein anerkanntes Zeugnis dafür (Herrigel 1973).

In meinen Lauftherapiekursen weise ich die Teilnehmer nachdrücklich darauf hin, daß Laufen als Therapie nur sinnvoll ist, wenn es auf Dauer zum festen Bestandteil der eigenen Lebensgestaltung wird. Nur gelegentliche Läufe, etwa in der Urlaubszeit, bringen mehr Schaden als Nutzen für das orthopädische und kardiovaskuläre System.

Der formale Rahmen der Übung - Laufdauer, Laufintensität, Gehpausen, Stretching, Pulskontrolle etc. - wird durch das Programm festgelegt und vom Lauftherapeuten überwacht. Bei den Teilnehmern der Kurse zeigen sich aber signifikante Unterschiede in der Übungsdisziplin.

Bei meinen Kursen habe ich festgestellt:

1. In der Regel verhalten sich die Frauen disziplinierter als die Männer. Sie akzeptieren die Notwendigkeit der Übungselemente und bemühen sich um Genauigkeit bei der Ausführung (z.B. beim Stretching und bei der Stilschulung). Männer neigen gelegentlich dazu, Führungsrollen zu übernehmen und Wettbewerbe zu veranstalten.

2. Frauen und Männer, die von Natur aus eher intellektuell-kritisch veranlagt sind, haben Schwierigkeiten mit den monoton-rhythmischen Bewegungen beim Laufen. Laufen ist ihnen nicht kreativ genug. Nach der Anfangsbegeisterung

läßt oft die Motivation nach, weil zusätzliche Stimuli vermißt werden. Es fällt diesen Teilnehmern schwer, sich fraglos auf eine Erfahrung einzulassen und geduldig abzuwarten, was sich entwickelt.

3. Problematisch ist oft das Übungsverhalten von Teilnehmern mit psychischen Vorerkrankungen. Dabei spielt es keine Rolle, ob sie als Gruppe für sich laufen oder zusammen mit anderen, die nicht unter psychischen Beeinträchtigungen leiden. Feste Strukturen, Regelmäßigkeit und Wiederholung sind für psychisch kranke Menschen Hemmnisse, die Angst vor Überforderung auslösen. Bei ihnen ist das Anstrengungsvermeidungsverhalten stark ausgeprägt. Sie nutzen oft kleine Unpäßlichkeiten, ungünstige Witterungsverhältnisse oder spontane Verabredungen, um Kurstermine abzusagen. Wenn sich mit fortschreitender Lauferfahrung die Ängste allmählich reduzieren, verbessert sich die Übungsdisziplin.

4. Bei Kursteilnehmern, die regelmäßig meditieren, fällt auf, daß sie die in der Meditation geübte Disziplin auf das Laufen übertragen. Sie wirken insgesamt gelassener und lassen sich durch Schwierigkeiten nicht so schnell aus der Ruhe bringen. Sie registrieren Befindlichkeitsstörungen und gelegentliche Schmerzen, verstehen es aber auch, diese loszulassen und sich ganz auf den Lauf zu konzentrieren.

Wer das Laufen und das Meditieren kursmäßig geübt hat, steht vor der Aufgabe, das Erlernte im Alltag selbstverantwortlich zu praktizieren. Das gelingt zunächst nur wenigen. Viele geben nach einiger Zeit auf. Andere finden erst nach erneutem Anlauf zur regelmäßigen Praxis. Es dauert lange, bis jemand ein Läufer oder ein Meditierender wird. Beide Erfahrungswege greifen ganzheitlich in das Lebenskonzept ein und drängen auf Veränderung. Dazu ist nicht jeder bereit.

4. Wirkungen

4.1 Vorbemerkungen

In der praktischen Durchführung von Lauftherapiekursen nach dem Konzept des Deutschen Lauftherapiezentrums (DLZ) hat es sich bewährt, die Teilnehmer zu Beginn nach Beeinträchtigungen im körperlich-seelischen Bereich zu befragen. Dazu dient ein Anamnesebogen, der 20 Items auflistet. Mehrfachnennungen sind möglich.

Nach meiner Erfahrung stellen sich die Ergebnisse der Befragung und der anschließenden Einzelgespräche - etwas generalisiert - so dar:

- die Teilnehmer sind in der Regel allgemein unzufrieden mit ihrer eigenen Lebenssituation (Ehe-, Berufs-, Lebensaltersprobleme),

- sie klagen oft, ohne sich im „engeren medizinischen Sinne" als „krank" zu bezeichnen, über Streßbelastung, Vitalitätsschwäche, geringes Selbstwertgefühl und leichtere Depressionszustände

- gelegentlich werden Angstzustände genannt,

- direkte körperliche Probleme (z.B. Übergewicht, Schmerzen, Bluthochdruck, Darmträgheit) werden auch, aber weniger häufig, erwähnt.

Bei der Darstellung der Wirkungen von Lauftherapie und Meditation will ich im Sinne einer notwendigen Schwerpunktbildung auf zwei Aspekte eingehen:

- Streßabbau,

- Achtsamkeit - ein neues Lebenskonzept.

4.2 Streßabbau

Menschen, die unter Belastungen (Stressoren) stehen, können darauf unterschiedlich reagieren. Der eine empfindet die Belastung als anregenden Reiz (positiver Streß), der andere wird unter derselben Belastung (negativer Streß) krank.

Wir erinnern uns an den Alten vom Berg in unserer ZEN-Geschichte. Das Reisigbündel bleibt immer dasselbe. Entscheidend ist die innere Verfassung des Trägers, der es auf die Schulter nimmt. Wir können die Bedingungen, unter denen wir leben, nur in Grenzen beeinflussen. Wir sind aber in der Lage, durch Erlernen von neuen Verhaltensweisen unsere Reaktionen auf Belastungen zu verändern.

Es besteht heute kein Zweifel mehr daran, daß Ausdauerläufer im Vergleich zur Durchschnittsbevölkerung eine erhöhte Streßresistenz aufweisen. Wolfram Schleske bezieht sich auf die bahnbrechende Untersuchung von Dienstbier u.a. und stellt fest, daß "mäßige körperliche Dauerbelastung die Fähigkeit erhöht, körperlichen und geistigen Streß zu ertragen. (...) Die Gewohnheit, körperliche Belastungen dauerhaft zu ertragen, ermöglicht es dem Läufer dann auch, unter Angst- und Streßeinwirkung körperlich aktiv zu werden und selbstgesteuert spannungsmindernd zu handeln. Damit werden negative psychische und physische Wirkungszirkel von Angst, Streß und Hilflosigkeit aktiv und selbsttätig durchbrochen" (Schleske 1988, 93).

Zu ähnlichen Ergebnissen kommt Bartmann in seiner Untersuchung an Krankenpflegeschülerinnen und -schülern. Laufen ist für ihn eine Strategie zur

Streßbewältigung (Coping). "Jogger neigen seltener zu Streß-Reaktionen und können mit Streß besser fertig werden" (Bartmann

1991, 21). Es ist anzunehmen, daß das autonome Nervensystem, das nicht steuerbar ist, beim trainierten Läufer geordneter und ausgeglichener arbeitet als bei Menschen, die sich wenig körperlich betätigen.

Der Entspannungsreflex, der sich in der Meditation einstellt, die Übungen zum Loslassen, die an anderer Stelle besprochen wurden, haben immer auch streßlösende Wirkungen. Die streßgebundenen Folgezustände wie Spannungskopfschmerz, Asthma und Bluthochdruck usw. verbessern sich (vgl. Carrington 1988, 254).

In diesem Zusammenhang sind besonders die Forschungen des Verhaltensmediziners Jon Kabat-Zinn zu erwähnen.

Er hat ein auf acht Wochen angelegtes Programm zur Streßreduktion und Stärkung des Immunsystems entwickelt, das an mehreren tausend Patienten der Stress Reduction Clinic des University Massachusetts Medical Center erprobt wurde (vgl. Kabat-Zinn 1991). Grundlage des Programms ist das systematische Training der "Achtsamkeit" (eine besondere Form der buddhistischen Meditation), das sich zur Aufgabe macht, jeden Augenblick, jede alltägliche Erfahrung mit ungeteilter Aufmerksamkeit wahrzunehmen. Im Programm, das aus Atemübungen, Meditation und Yoga besteht, lernt der Patient, sich jeder Erfahrung vorurteilslos zu stellen und ganz im gegenwärtigen Augenblick zu leben. Im Blick auf Streß und chronischen Schmerz werden die üblichen Flucht- und Vermeidungsstrategien aufgegeben.

„Die einzige Möglichkeit, mit einem Problem fertig zu werden, ist, sich ihm zu stellen. Nur so findet man wirklich problembezogene Lösungen" (Kabat-Zinn 1991, 17).

Die Patienten der Klinik, u.a. Herz-, Krebs- und Aidskranke, erleben, daß die mit ihrer Krankheit oder ihren Lebensumständen verbundenen physischen und emotionalen Schmerzen und ihre Streßerfahrungen in der Achtsamkeitsmeditation in einen größeren Kontext gestellt werden. Die Meditierenden werden zu subtilen Beobachtern ihrer eigenen Befindlichkeiten, lernen allmählich, sich damit aber nicht mehr zu identifizieren: Ich habe Schmerzen, aber ich bin nicht mein Schmerz. Ich empfinde Streß, aber ich bin nicht mein Streß. Wenn das ichbezogene Denken losgelassen wird - und darum geht es in jeder Meditation - hören Schmerz und Streß auf, isolierte subjektive Erfahrungen zu sein. Sie gehören zur wechselvollen Ganzheit des Lebens, das es immer wieder zu akzeptieren gilt. Durch die Übung des reinen Beobachtens, des Nicht-Tuns in der Meditation, ereignet sich „Heilung", die Kabat-Zinn bei seinen Patienten „in erster Linie als eine tiefgreifende Transformation ihres Denkens" beschreibt (Kabat-Zinn 1991, 154).

„Ab und zu verschwinden im Zuge dieser Transformation die Krankheitssymptome, aber das muß keineswegs immer der Fall sein, und es wäre falsch, damit zu rechnen. Die Transformation geschieht auf verschiedenste Art und Weise. Manche unserer Patienten machen während der Meditation höchst dramatische Erfahrungen, die ihnen zu einer neuen Sichtweise verhelfen. Die meisten sprechen einfach von tiefer Entspannung und Zuversicht" (Kabat-Zinn 1991, 154).

Bewegungstraining, Ernährungsumstellung und Streßmanagement mit Hilfe von Yoga und Meditation sind die tragenden Pfeiler des Programms, das der Kardiologe Dean Ornish zur Vermeidung und Heilung von Herzkrankheiten entwickelt hat (vgl. Ornish 1993). Ornish und seinen Mitarbeitern ist der Nachweis gelungen, daß durch umfassende Veränderungen in der Lebensweise Herzerkrankungen rückgängig gemacht werden können. Bei 82 Prozent seiner Patienten, die an einer kontrollierten Studie teilnahmen, zeigte sich nach einem Jahr „ein meßbarer genereller Rückgang in der Verengung ihrer koronaren Arterien" (Ornish 1993, 36).

Herzkranke leiden besonders unter dem Streß von Einsamkeits- und Verlassenheitserfahrungen. Für Ornish ist Meditation die Möglichkeit, inneren Frieden und Lebensfreude zu erfahren, die den Menschen von seinen Isolationsgefühlen befreien. Durch die Einbeziehung der emotionalen und spirituellen Ebene vollziehen sich auf der körperlichen Ebene wünschenswerte Veränderungen, die mit wissenschaftlichen Methoden, etwa der Koronarangiographie, nachgewiesen werden können.

„Aber die physische Heilung ist nur eine Manifestation eines viel tieferen Heilungsgeschehens, das auf der emotionalen und der spirituellen Ebene beginnt" (Ornish 1993, 323).

Beobachtungen in meinen Lauftherapiekursen bestätigen auf eindrucksvolle Weise, daß sich nach mehrwöchigem Ausdauertraining eine Abnahme der negativen psychischen Befindlichkeit einstellt, besonders durch ausgeprägte Reduktion der Komponenten Angst, emotionale Gereiztheit und Aggressivität beim Auftreten von streßbetonten beruflichen und privaten Situationen.

Die Gruppenmitglieder, die gleichzeitig regelmäßig meditieren, vergleichen diese Erfahrung mit der Tiefenentspannung bei der Meditation.

4.3 Achtsamkeit - ein neues Lebenskonzept

In der buddhistischen Philosophie und Lebensordnung ist „Achtsamkeit" ein Schlüsselbegriff. Eigene Formen der Achtsamkeitsmeditation beschäftigen sich damit, mentale Prozesse, den Atmungsvorgang und körperliche Empfindungen mit subtiler Genauigkeit urteilsfrei zu beobachten. „Achtsamkeit bedeutet zu erkennen, wie die Dinge sind, direkt und unmittelbar das zu sehen, was gegenwärtig und wahr ist. Achtsamkeit zeichnet sich durch Ganzheitlichkeit und Makellosigkeit aus. Achtsam zu sein bedeutet, Herz und Geist ganz und gar, mit vollem Gewahrsein in jeden Augenblick einzubringen" (Goldstein/Kornfield 1989, 102). Achtsamkeit ist besonders geeignet, psychische Gesundheit zu fördern.

Unsere moderne Lebensführung steht in krassem Gegensatz dazu. Die Reizüberflutung der multimedialen Gesellschaft läßt unseren Geist nicht mehr zur Ruhe kommen. Wir sind kaum noch in der Lage, unseren Alltag klar, bewußt und wach zu erleben und zu gestalten. Wir dämmern im Zustand des Halbschlafs dahin und versagen bei besonderen Herausforderungen, weil wir nicht frisch und unmittelbar erkennen können, was zu tun notwendig ist. Das kann besonders im Krankheitsfall fatale Folgen haben.

Die Körperübung Laufen bietet die Chance, Achtsamkeit zu schulen. Das Laufen bei jedem Wetter in unterschiedlichem Gelände und wechselnder physischer und psychischer Verfassung erfordert Wachsamkeit und schnelle situationsgerechte Reaktionen auf neue Gegebenheiten. Der Läufer entwickelt ein vertieftes Körpergefühl. Organische Störungen, Schmerzen, Spannungen und Fehlhaltungen werden sorgfältig registriert und - wenn nötig - angemessen behandelt. Laufen im aeroben Bereich führt in einen Zustand vertiefter Wahrnehmung und erhöhter Aufmerksamkeit, wenn sich durch hinreichende Übung die Bewegungsabläufe automatisiert haben.

Die im Laufen gewonnenen Erfahrungen führen dazu, daß der Läufer in der Regel bewußter in der Gegenwart, im Hier und Jetzt, lebt. Er entwickelt im wörtlichen und im übertragenen Sinn Sicherheit in seinen Bewegungsmöglichkeiten und stellt sich achtsam und entspannt auf die verschiedenen Lauf- und Lebenssituationen ein.

Das im Laufen allmählich sich entwickelnde Selbstvertrauen aktiviert die für den Gesundungsprozeß notwendigen Selbstheilungskräfte, der Läufer wird eher selbstverantwortlich handeln, er wird zum Experten in eigener Sache.

Wenn die Wirklichkeit nicht mehr verzerrt wahrgenommen wird, bleibt dies nicht ohne Auswirkungen auf gewöhnliche und außergewöhnliche Lebenssituationen:

- Der Läufer reagiert auf psychische und physische Belastungen angemessen, d.h. ohne Panik, aber auch ohne Verdrängung.

- Er wird realistisch in der Einschätzung seiner Möglichkeiten im Beruf, in der Familie, im Sport und im gesellschaftlichen Leben.

- Er entwickelt ein sicheres Gespür für eine gesunde Lebensführung, für das richtige Maß bei Belastung, Erholung und Regeneration.

In allen meditativen Traditionen ist die bewußte Übung der Achtsamkeit das zentrale Element. Methodisches Instrument ist der Atem, der sorgfältig beobachtet wird, der den Geist immer wieder zentriert auf die unmittelbare Gegenwart, auf das, was jetzt ist und geschieht.

Vor-Urteile, Konzepte und eingeübte Verhaltensmuster müssen verlernt werden, damit der Meditierende sich auf die Wirklichkeit völlig neu einstellen kann, ja jede Situation, und sei sie noch so bekannt, als neu erlebt.

Lernen, sich zu sammeln und von inneren Ablenkungen freizumachen, ist eine Übung, die außerhalb der formalen Meditation im Alltag fortgesetzt wird.

In unserer ZEN-Geschichte nimmt am Ende der Alte sein Bündel wieder auf und steigt den Berg hinab in die Alltagswelt der Menschen. Er demonstriert damit dem Fragesteller, worauf es nach der Erleuchtung, der Heilung von innen, geht: aufmerksam und hingebungsvoll das Gewöhnliche und Notwendige zu tun.

Meditationslehrer empfehlen ihren Schülern, die üblichen täglichen Verrichtungen wie Essen, Trinken, Abwasch, Gartenarbeit, Lesen und Schreiben, Musikhören, oder was immer es ist, mit wacher und ungeteilter Sammlung auszuführen.

Wer sich intensiv im Gewöhnlichen übt, wird auch in Grenzsituationen, etwa bei einer bedrohlichen Krankheit, eher in der Lage sein, spontan im Augenblick zu leben.

"Buddha erzählte in einem Sutra eine Parabel:

Ein Mann, (der über eine Ebene reiste, stieß auf einen Tiger. Er floh, den Tiger hinter sich. Als er an einen Abgrund kam, suchte er Halt an der Wurzel eines wilden Weinstocks und schwang sich über die Kante. Der Tiger beschnupperte ihn von oben. Zitternd schaute der Mann hinab, wo weit unten ein weiterer Tiger darauf wartete, ihn zu fressen. Nur der Weinstock hielt ihn auf.

Zwei Mäuse, eine weiße und eine schwarze, machten sich daran, nach und nach die Weinwurzel durchzubeißen. Der Mann sah eine saftige Erdbeere neben sich. Während er sich mit der einen Hand am Weinstock festhielt, pflückte er mit der anderen die Erdbeere.

Wie süß sie schmeckte!" (Reps 1976, 40f.; vgl. Gawler 1990, 178)

Diese alte ZEN-Geschichte zeigt eindrucksvoll den Idealzustand gelassener Achtsamkeit. Die Schönheit des Augenblicks, der Genuß der süßen Erdbeere, ist so überwältigend, daß für Furcht und Panik kein Platz mehr bleibt.

Den Teilnehmern meiner Lauftherapiekurse biete ich die Möglichkeit, in einem dreitägigen Workshop "Fasten, Meditieren und Laufen" gezielt Wahrnehmung und Achtsamkeit zu schulen.

Im Fasten - es werden nur Getränke (Tee, Gemüsebrühe und Mineralwasser) gereicht - lernen wir, neu auf die Signale unseres Körpers zu achten. Wir nehmen bewußt den Eigengeschmack der verschiedenen Getränke wahr, erfahren, wie Bewegungsabläufe sich im Fasten verlangsamen und geben dem intensiveren Ruhebedürfnis des Körpers nach.

In der Meditation überlassen wir uns der Führung durch den Atem und versuchen, uns vom diskursiven Denken zu lösen und ganz im Augenblick zu leben.

Die täglichen Dauerläufe eröffnen uns ein weites Erfahrungsfeld für bewußte Wahrnehmung des Laufuntergrundes, von Sonne und Regen, Wind im Rücken und Wind von vorn, die wechselnden Farben von Blumen, Pflanzen und Wasser, Geräusche und Gerüche.

5. Schlußbemerkungen

Lauftherapie und Meditation sind für sich wirksame Konzepte, sie sind grundsätzlich offen für die Kombination miteinander und mit anderen ganzheitlichen Therapien, die das einsichtsvolle Mittun des Klienten voraussetzen. Unter Umständen können mit kombinierten Methoden Therapieziele schneller erreicht und/oder umfassender gesichert werden.

Abgesehen von definierten Zielen und beabsichtigten Wirkungen gilt: Laufen und Meditation sind Prozesse, die ihren Sinn in sich selbst tragen. Es ist an sich sinnvoll, lustvoll und dem Menschen gemäß, sich moderat zu bewegen. Leben ist Bewegung. Zum Leben gehört aber auch das absichtslose Dasein in der Unbewegtheit und Stille, das Sicheinlassen auf die eigene Tiefe, in der es keine

Gegensätze mehr gibt. Meditation ist nach ihrem Grundverständnis "zweckfrei", die Methode, "der Weg selbst", ist das Ziel.

Laufen und Meditieren sind Erfahrungswege, die Ausdauer, Beharrlichkeit und Hingabe erfordern. Als echte Übungswege sind sie nicht ohne Gefahren und Probleme. Das Laufen selbst kann zum Stressor werden, wenn es im Übermaß betrieben wird, wenn Konkurrenzsituationen heraufbeschworen werden, in denen es etwas zu erreichen oder zu erzwingen gilt.

Die Meditation wird mißbraucht, wenn sie als Mittel zur Erreichung vordergründiger Zwecke eingesetzt wird.

Es ist eine Fehlentwicklung, wenn Manager mit meditativen Techniken fitter und leistungsfähiger gemacht werden, damit sie sich im Wettbewerb härter und erbarmungsloser als andere durchsetzen können. Mit Heilung aus der Tiefe und Erneuerung des ganzen Wesens hat das nichts zu tun.

Verstrickungen, Verwirrungen und Verirrungen rechtzeitig zu erkennen, ist Aufgabe des Therapeuten. Er ist der Wegbegleiter, der den Klienten stützt und ermutigt zu selbstverantwortlichem Handeln, der aber auch den Mut hat, einzugreifen, wenn der Heilungsprozeß gefährdet wird. Es bedarf keiner Frage, daß er dabei behutsam und sensibel vorgeht.

Literatur

Bartmann, Ulrich (1991): *Laufen und Joggen ... und seine positiven Auswirkungen auf die Psyche.* Stuttgart: Georg Thieme

Borysenko, Joan (1989): *Gesundheit ist lernbar.* Bern: Scherz

von Brück, Michael (1995): *Yoga und Zen für Christen.* In: Raab, Peter (Hrsg.): *Meditieren - wie und wo.* Freiburg: Herder

Carrington, Patricia (o.J.): *Das große Buch der Meditation*. Bern: Scherz

Carrington, Patricia (1988): *Moderne Formen der Meditation*. In: Boorstein, Seymour (Hrsg.): *Transpersonale Psychotherapie*. Bern: Scherz

Deatherage, Olaf G. (1986): *Achtsamkeitsmeditation als Psychotherapie*. In: Boorstein, Seymour (Hrsg.): *Transpersonale Psychotherapie*. Bern: Scherz

Dietrich, Reinhold (1993): *Nach innen laufen*. Salzburg: Eigenverlag

Dietrich, Reinhold (o.J.): *Entspannung durch meditatives Laufen*. Salzburg

Engel, Klaus (1995): *Meditation*. Frankfurt: Europäischer Verlag der Wissenschaften Peter Lang GmbH

Gawler, Jan (1990): *Die Mitte finden*. Bern: Scherz

Goldstein, Joseph / Kornstein, Jack (1989): *Einsicht durch Meditation*. Bern: Scherz

Grell, Jochen (1993): *"Eine Definition der Lauftherapie"* In: DLZ-Rundschau, 7/1993, 17-20

Herrigel, Eugen (1973): *ZEN in der Kunst des Bogenschießens*. O.O.: Otto Wilhelm Barth

Kabat-Zinn, Jon (1991): *Gesund und streßfrei durch Meditation*. Bern: Scherz

Kleinmann, Dieter (1987): *Das Laufgesundheitsbuch*. Erkrath: Spiridon

Kleinmann, Dieter (1988): *Laufen ist Medizin*. Düsseldorf: Econ

Kleinmann, Dieter (1996): *Laufen*. Stuttgart: Schattauer.

Lange, Anna Theresa (1991): *Laufen unter Ausdauerbedingungen.* Wiesbaden: Limpert

Ornish, Dean (1995): *Revolution in der Herztherapie.* Stuttgart: Kreuz

Reps, Paul (Hrsg.) (1976): *Ohne Worte - ohne Schweigen.* Bern: Scherz

Richter, Klaus (1995): *Meditation und Laufen.* Oberhaching: Gesundheits-Dialog

Richter, Klaus (1995): "Das Behandlungsprogramm in der Lauftherapie." In: *DLZ-Rundschau,* 7/1995, 25-30

Schleske, Wolfram (1988): *Meditatives Laufen.* Stuttgart: Burg

Weber, Alexander (1993): "Warum Lauftherapie?" In: *DLZ-Rundschau,* 7/1993, 21

Weber, Alexander (1991): *Burnout und Lauftherapie - Diagnose, Symptome, Behandlungsweg, Erfolgsmessung.* In: Meyer, Ernst (Hrsg): *Burnout und Streß.* Baltmannsweiler: Schneider-Verlag Hohengehren

Weber, Alexander (1990): *Laufen als Therapie.* Paderborn: Deutsches Lauftherapiezentrum

Weber, Alexander (1987): *Trainings-Programm für Lauf-Anfänger.* Oberhaching: sportinform Verlag

Weber, Alexander (Hrsg.) {1990): *Bewegung braucht der Mensch.* Erkrath: Spiridon

Anhang

Schrothkurgerichte zum Abnehmen - Plan einer Schrothkur 2008 - Sonnenhof

Tag 1 (Anreise)

- Pflaumensuppe aus Trockenpflaumen (zur Entlastung)
- Wasser
- Alle anderen Gäste aßen abends: Möhren, Kohlrabi, Blumenkohl, gedünstet, 1 Stückchen Baguette

Tag 2

- Mittags: 1 tiefer Teller Obstsalat: getrocknete Pflaumen, Pfirsich, Johannisbeeren, Apfel
- Abends: 1 Kartoffel, Möhren, Bohnen, ¼ Tomate, „7" Radieschen, Schnittlauch, 1 EL Kräuterquark auf Salatblatt

Tag 3

- Mittags: Gemüsesuppe, 1 Toastbrot, Blumenkohl, Möhre, Bohnen, Erbsen, Sellerie, Kräuter
- Abends: 2 gedünstete Möhren, 2-3 Radieschen in Scheiben geschnitten, Petersilie, Schnittlauch, einige Johannisbeeren, 1 kleine Scheibe Brot

Tag 4

- Mittags: Obstteller = Apfelschnitze, 2 Scheiben Kiwi, 9 Aprikosen, getrocknet, einige Johannisbeeren, wenig Müsliflocken

- Abends: 1 Kartoffel in Folie, Möhre, 4 Scheiben rote Beete, 2 Sch. Gurke, ¾ Paprika, 1 EL Magerquark, Schnittlauch, Kresse

Tag 5

- Mittags: Gemüsesuppe, Möhre, Bohnen, Blumenkohl, 1 Rosenkohl, alles sämig zubereitet. Nachtisch: Grieß-Pudding ohne Zucker, rote Früchte im Saft, leicht alkoholisiert.

- Abends: 1 Vollkornbrot, 1 EL Magerquark, 8 Bohnen, 4 Sch. Rote Bete, ½ Möhre, Schnittlauch, 1 Sch. Zitrone

Tag 6

- Mittags: Sauerkraut, Ananas

- Abends: 1 Kartoffel, 1 EL Kräuterquark, 1 EL Gurkensalat, 1/2 Tomate, ½ Vollkornbrot, Zucchini, 1 Streifen Melone, salzlose Brühe

Tag 7

- Mittags: Gemüsesuppe, passiert und gebunden mit etwas Grieß, Nachtisch: 3/2 gedünstete Birnen u. etwas rohe Nektarine

- Abends: Rohkost: geraspelte Möhren, Chinakohl, ½ Sch. Brot, wenig Frischkäse, 2x ¼ Tomate

Tag 8 (Sonntag)

- Frühstück: 1 Scheibe „Kuchenbrot", Kaffee/Tee

- Mittags: „Rote Suppe": bestehend aus Kartoffeln, getrockneter Paprika, getrockneter Tomate, Zucchini, Chili scharf, wenig Pudding (Rezept: Diät Weincreme: O-Saft/Wein, Vanillepuddingpulver, Süßstoff. Dekor:

Schnitze von 1 Sch. Kiwi, 3 Nektarinenspalten, 1 Apfelscheibe)

- Abends: 1 Brot, Quark, Brokkoli, Möhren, 1 EL Quark, Schnittlauch, ¼ Birne, 1 Streifen Melone

Tag 9

- Mittags: Obstsalat, 8 Pflaumen, Apfel, Nektarine, Apfelsine

- Abends: 1 Kartoffel, Möhren, geraspelt, 1 EL Quark, Schnittlauch, Radieschen, Rucola, 1 Tasse Brühe

Tag 10

- Mittags: Gemüsesuppe bestehend aus Kartoffeln, Möhrenscheiben, wenig Erbsen, Sellerie, Chili, Liebstöckel

- Abends: 1 kleine Scheibe Brot, Kräuterquark, ¼ Tomate, Blumenkohl, ½ Paprika, Basilikumblatt

- Außer Konkurrenz
  (nachmittags außerhalb im Lokal: 2 Apfelschorle, 1 Apfel-Sauerkraut-Most)

Tag 11

- Mittags: Obstsalat; 6 getrocknete Aprikosen, Apfel, Pflaume, Nektarine ...

- Abends: 2 kl. Kartoffeln, Quark, Apfel-Möhren, geraspelt, Kresse, 4 grüne Bohnen, 1 Erdbeere

Tag 12

- Mittags: Curry-Gemüsesuppe, gebunden; Nachtisch: Joghurt, Himbeere, Melonenstückchen

- Abends: Vollkornbrot, Möhrensalat, rote Bete, 1 ½ Salatblatt, Petersilie, 1 Brokkoliröschen

Rezept Suppe: Curry-Gemüsesuppe, gebunden: Möhren-scheiben, Gurkenscheiben, Porreestreifen, Zucchinistreifen, Gemüsebrühe, Curry, Agar-Agar

Tag 13

- Mittags: Sauerkraut, 1 kl. Kartoffel, 1 Scheibe Kiwi, 3/3 Erdbeeren, 1 Sch. Ananas

- Abends: 1 Kartoffel, Möhren, Radieschen, Quark, Schnittlauch, 2 Tomatenscheiben, 1 Apfelschnitz

Tag 14

- Mittags: Forelle (Aufbaukost)

Danksagung

Wir bedanken uns bei den Autorinnen und Autoren, die sich ohne zu zögern bereit erklärt haben, einen oder mehrere Beiträge zu diesem Werk beizusteuern, und ohne die dieses Werk nicht hätte entstehen können.

Ein weiterer Dank gilt der Westfalenpost Menden für die Erlaubnis, den Artikel zum 40. Weihejubiläum von Klaus abdrucken zu dürfen.

Zu guter Letzt danken wir Bettina und Sara Richter, die in ihrem Lektorat jeden Satz, ja, jeden Buchstaben mehrmals umgedreht haben, um auch den kleinsten Druck- oder Ausdrucksfehler zu erwischen.

Die Autorinnen und Autoren

Christel Richter

Jg. 1937, wohnhaft in Menden (Sauerland), Diplom-Theologin, Germanistin, Oberstudienrätin a.D., Frau von Klaus Richter seit mehr als 50 Jahren, Eutonie- und Meditationslehrerin

Oliver Richter

Jg. 1974, wohnhaft in Menden (Sauerland), Industrie-kaufmann, Finanz- und Lohnbuchhalter, Musiker und Foodtruck-Betreiber, Sohn von Klaus Richter seit mehr als 40 Jahren

Dr. Raphael Richter

Jg. 1969, wohnhaft in Münster (Westf.), promovierter Diplom-Mathematiker, IT-Projektmanager, Läufer seit 1983, Laufgruppenleiter und Dozent am Deutschen Lauftherapiezentrum (DLZ), Sohn von Klaus Richter seit fast 50 Jahren, Autor

Wolfgang W. Schüler
Jg. 1958, wohnhaft in Wiesbaden, Diplom-Sozialpädagoge und Pädagoge M.A., Mitarbeiter des Amtes für soziale Arbeit Wiesbaden, Läufer seit 1967, Lauftherapeut und Dozent für Lauftherapie (DLZ - D und IART - USA), Running-Guide von sehbehinderten und blinden Läufern (LbdB - CH), Autor

Hans Stiefermann
Jg. 1941, wohnhaft in Ense, Kreis Soest, Sozialpädagoge und Staatsexamen für das Lehramt an berufsbildenden Schulen mit den Fächern Sozialwissenschaften, Rechts- und Staatswissenschaften, bis 2001 als Lehrer tätig, jetzt: Pensionär, kein Sport!

Prof. Dr. Alexander Weber
Jg. 1937, Universitätsprofessor em., Pädagoge und Diplom-Psychologe, von 1974 bis 2002 an der Universität Paderborn tätig, regelmäßiger Läufer seit 1968, Initiator und Vorsitzender des Deutschen Lauftherapiezentrums (DLZ) mit Sitz in Bad Lipp-springe (1988), seit 1991 Leiter der Aus- und Weiterbildung der Lauftherapeuten, Autor zahlreicher wissenschaftlicher Publikationen

Zeitfracht Medien GmbH
Ferdinand-Jühlke-Straße 7
99095 Erfurt, Deutschland
produktsicherheit@kolibri360.de